语文教师职业幸福路

——中学语文教师专业发展的策略与实践

刘　红◎著

江西高校出版社

图书在版编目（CIP）数据

走出语文教师职业幸福路:中学语文教师专业发展的策略与实践/刘红著. --南昌:江西高校出版社,2023.8 （2025.1重印）

ISBN 978－7－5762－3976－8

Ⅰ. ①走… Ⅱ. ① 刘… Ⅲ. ①中学语文课—教学研究 Ⅳ. ①G633.302

中国国家版本馆 CIP 数据核字（2023）第 126141 号

出 版 发 行	江西高校出版社
社　　　　址	江西省南昌市洪都北大道96号
总编室电话	(0791)88504319
销 售 电 话	(0791)88522516
网　　　　址	www.juacp.com
印　　　　刷	固安兰星球彩色印刷有限公司
经　　　　销	全国新华书店
开　　　　本	890mm×1240mm　1/32
印　　　　张	6.625
字　　　　数	150 千字
版　　　　次	2023 年 8 月第 1 版 2025 年 1 月第 2 次印刷
书　　　　号	ISBN 978－7－5762－3976－8
定　　　　价	58.00 元

赣版权登字 -07-2023-480

　　优秀教师的成长,都表现出不忘初心、热爱工作、勤奋好学、坚持不懈地提高自己专业水平的特点。

　　刘红老师就是这样一位努力奋斗了许多年的语文教师。

　　2008 年,在中国当代语文教学专业委员会组织的"名师育名师"培训班中,我认识了刘红老师,她是当时培训班的副班长。作为指导教师,两年间,我在课堂教学和专业写作等方面对刘红老师进行了悉心指导;她的好学勤奋、进步之快给我留下了深刻的印象。在我的指导下,刘红老师在全国中小学语文教师的同课异构观摩课中拿了一等奖。

　　后来,我数次到新疆讲学,刘红老师每次都前来认真听讲。2018 年,乌鲁木齐市水磨沟区 19 中、31 中联合创立了"余映潮中学语文名师工作室",我指名请刘红担任工作室的主持人;她组织这两所学校的语文教师认真完成了名师工作室的各项培训任务,详写了所有的培训纪要,并认真对我的课例进行了反复研究。15年来,我欣喜地看到刘红老师一步一步地成长起来,形成了自己"有味、有效、有序"的教学主张和"严谨、亲和、有趣、有效"的教学风格,很为她的丰富收获而高兴。

刘红老师在学校的工作经历是比较丰富的,担任过备课组长、教研组长、年级主任、年级书记。至今,她担任学校教研室主任已近八年,一直辛勤地忙碌在教学教研第一线。在工作间隙,她结合自己30年的教学教研经历,梳理提炼出自己的教学科研成果并以此作为案例,完成了《走出语文教师职业幸福路——中学语文教师专业发展的策略与实践》的写作工作,实属难能可贵。本书分为"职业规划篇""课前备课篇""课堂教学篇""作业检测篇""课题研究篇""课程开发篇""学习交流篇"七个板块,基本上涵盖了中学语文教师专业发展的方方面面,贴近中学一线语文教师工作的真实情景,案例详实,非常实用。

本书旨在启发不同阶段的中学语文教师意识到专业发展的重要性,并借鉴作者所讲的方法、策略和途径提升自身作为中学语文教师的专业水平,从而帮助还在中学语文教师专业化发展路上行进的老师们少走弯路。本书最大的价值是非常适合一线教师、师范生及有志于成为中学语文教师的人士阅读,实操性很强,可以给阅读者带来实实在在的启发和帮助。希望无论是师范生、刚入职的老师,还是比较成熟的老师,都能从中得到鼓舞和启发,在专业化发展的路上成就更好的自己,从而走上中学语文教师的职业幸福之路。

余映潮

2023 年 4 月于武汉

目录 CONTENTS

第一讲　职业规划篇:中学语文教师专业发展的指南针

一名教师,从第一脚踏进学校,到最后退休离开学校,每天都做近乎一样的工作,一眼就能从职业生涯这头看到那头,没有创新,没有进步,徒增年龄,这是我们都不愿看到的事情。我们中学语文教师的职业生涯本来应该是诗情画意、鸟语花香的,切不可糊里糊涂地虚度人生最美好的年华。这样看来,中学语文教师做好职业生涯规划意义重大。

一、中学语文教师为什么要进行职业生涯规划

职业生涯是指一个人一生中所有与工作相联系的行为和活动以及相关的态度、价值观等连续性变化经历的过程。职业生涯规划,是指个人把个人发展与自身工作发展相结合,制订个人在事业发展上的战略设想与计划安排。进行职业生涯规划既是个人成长的需要、所在学校的需要,也是社会的需要。

二、中学语文教师怎样进行职业规划

(一)职业生涯规划对教师成长的影响因素

主要因素有两个:一是内部因素,即自身的能力素质、专业知识、工作风格、兴趣爱好、价值观念等;二是外部因素,如工作环境、家庭状况、自身发展情况等。

职业生涯规划首先要结合自己的专业技能、学习工作经历、兴趣、特长进行客观的自我评估,在对个人因素进行客观、科学的分

析后再对自己所在的工作环境和社会环境进行分析,然后制订个人切实可行的职业目标和相应的工作、继续教育的行动计划,对这些规划进行进一步的细分,使它成为直接可操作的具体计划,并付出自己的努力,以期最大限度地提高自己的专业水平。

(二)职业生涯规划的阶段划分

职业生涯规划一般可以以三年为期,中学语文教学是三年一个周期。1—3年是新手教师的适应期,是站稳讲台阶段;4—6年是积累期,逐步成为熟练型教师;6—9年是成熟期,逐步成为胜任型教师;10—12、13—15年是发展的一个小高潮,这时教师面临评选高级职称,工作热情比较高,逐步成为骨干型教师。工作15年左右是分化期,一些教师评上高级职称后会待在舒适区,不思进取,进入停滞期;而另一些教师会继续发展,逐步变成县级、市级甚至省级的名师。工作到25年左右,有的教师会继续倦怠,但更多的教师会继续努力,成为专家型教师。工作到30年左右,有的教师会离开一线教学岗位,但还有一些教师会继续提升自己,发展成教育名家。

我们在进行职业规划时,多采用近期规划(3年)、中期规划(6年)和中长期规划(9—10年)相结合的方式,这样做出的规划更有现实针对性。

(三)职业生涯规划设计的注意事项

1. 教师个人方面

(1)正确认识自身条件。了解自己的技能、特长、智商、情商、思维方式、知识结构、能力水平等,分析自己是适合做教学、科研还是管理工作,要尊重自身的兴趣爱好,发挥自己的特长,有助于自身发展。

(2)正确评估自身发展环境。要充分认识与了解所处的环境,评估环境因素对自己职业生涯发展的影响，分析环境条件的特点、发展变化情况，把握环境因素的优势与限制，深入了解新课改背景下对中学语文教师的专业要求。要根据社会需求适时调整。

（3）合理规划职业生涯。要合理设定不同时间段内在教学能力、职称、职务等方面达到的目标，并规划具体合适的途径和步骤。

（4）职业生涯规划尽量具体。把一个大的职业目标分解成许多小的目标，只要脚踏实地地走好每一小步，目标就不难实现，实施措施和步骤也要尽量具体，有实操性。

2. 所在学校方面

（1）关心教师成长，要根据不同教师的个性、兴趣、专长与职业目标等给予适当、正确的引导和培养。

（2）激励教师成长，尽量避免他们产生倦怠、消极的心理，认为"反正一辈子也就这样了"；要根据教师的职业需求特点，遵循公平、公正的原则，有针对性地在教学及科研方面的考核、职称评聘、绩效考核、学历提升、访学深造、文体活动等方面给予教师物质和精神的双重激励，满足他们被尊重和自我价值实现的需要。

（3）完善培训机制，加大培训力度。学校要依据不同类型、不同群体的教师，对其进行目的不同的培训，切实提高教师的职业素质和教学科研能力。

（4）搭建服务教师职业发展的平台。学校要重视教师特别是青年教师的职业生涯规划，为教师的职业发展提供个性化的指导和咨询，让教师能看到希望，看到发展的机会和空间；要做好"传、帮、带"工作，通过听课、说课、教学研讨、科研课题等方式搭建平台，更快更好地实现个人目标和学校的稳定发展。

附录

教师专业成长发展规划(2016—2026)

高中语文组:刘红

一、自我剖析

(一)自我定位

我参加工作至今已经有22年,评上高级教师已经8年,离退休还有10年,做语文教研组长十余年,做年级书记6年半、年级主任5年、教研室主任半年,对学校的一线工作比较熟悉,具有一定的教学教研经验。如何发展、如何提升得好好规划一下。

(二)优势分析

1.热爱教育教学工作,没有停止学习和思考,能坚持阅读有关教育教学的报纸杂志,如《中学语文教学参考》《语文教学通讯》等,特别是对课标的学习从未间断。

2.对新课改精神和学生学情的认识较到位,能结合学生的具体情况进行有效备课。坚持把教学工作放在第一位,每天早晨会提前至少一小时到学校,再次完善教学设计。

3.作为市学科带头人及市中语会理事,水区中学语文名师工作室主持人及兼职教研员,能积极参加各级教研活动,坚持课题研究近十年,坚持围绕课堂教学开展行动研究。

4.有上级各位专家、十九中学校领导、教研室同事、教研组教师、年级组教师对我发展的关心和大力帮助。

(三)劣势分析

1.教学实践经验模式比较固定,如课堂教学设计、提问技巧、过渡语言、评价语言、应变能力等还需要结合新课改、新高考进一步完善提升。

2.借口工作忙,不能及时把自己平时教学中遇到的问题和解决过程转化为文字,重教学实践,轻理论提炼。

3.不喜欢抛头露面,失去了很多较高层次的交流分享展示机会。

二、个人今后的发展目标及具体措施

(一)三年规划(2016—2019)

目标:研读课标和教材,研究学生,把握语文教学动向,做学生尊敬的老师。发挥作为市级学科带头人、名师工作室成员和水区中学语文名师工作室主持人的作用。

措施:

1.进一步熟练掌握高中语文知识点、能力点

(1)认真研究教材:从整体上把握教材内容,了解整套教材体系,熟悉教材,做到融会贯通,重新对教材进行整合。

(2)整理最近5年的高考试题,并熟悉各地高考试题,通过研习高考题来指导自己的教育教学,为自己以后的灵活运用打下坚实基础。

2.继续积极学习,在实践中获得专业技能的成长

(1)充分利用手头书籍资料,认真学习新课改精神,并将其贯彻运用到今后的教育教学工作中。

(2)多听公开课(充分利用网络资源),认真做好学习笔记,积极参与到说课、观课、评课等各级各类教研活动中。

(3)虚心接受专家及其他教师的批评、指导与帮助,改进教学方法,自我完善教学方式。

3.打造效率课堂

(1)课前积极钻研教材,理清教学内容思路和顺序,做好充分的备课工作。内容力求重点、难点突出,能真实反映以学生发展为本,师生协同探究、共同参与的教学全过程,实行自主合作探究教

学方式。课后做好教学反思，把课堂中最精彩及最难忘的片段及时地记录下来，积累日后教学论文发表的素材。

（2）积极引导学生在课堂上主动参与、独立思考、自主发现、不断创新，引导学生由"学会"转变到"会学"。

（3）通过课程学习及了解学生状况后，探索、寻找到一种适合学生学习需要的教学模式，尽量让学生能在较短的时间里达到高中语文水平测试的要求，有效地提高学业水平考试达标率，尤其是优秀率。

（4）请学生对自己在教育教学上的举措提出意见，虚心接受学生的意见，不断反思，及时改进，因为自己专业，所以学生尊敬。

4.发挥市学科带头人、水区中学语文名师工作室主持人的作用，争取每年主持一个市级小课题或国家级子课题的课题研究。课题研究要结合日常教学教研工作，侧重行动研究，在提升自己的同时带领语文团队中的教师们一起进步；作为市级名师工作室的成员，向市级名师迈进。

（二）六年规划（2016—2022）

目标：做到教学和教研工作齐头并进，做学生喜爱的老师。继续发挥作为市级学科带头人和校教研室主任的作用。

措施：

1.独立有创意地处理教材，在教学方法上有自己独特的见解，采用多样化的教学方式使学生对语文学习产生浓厚的兴趣与期待。此外，对学生的评价注意突显"以人为本"的理念，给予学生多元化评价。

2.在教学技能比较熟练的基础上，积极参与各类教研活动，进一步提高教学与教研能力；认真做好作为乌鲁木齐市职业大学等学校"继续教育"高中语文学科教师的相关工作，争取用自己的思想和实践影响更多的人,努力让自己成为学校、水区教学教研工作的中坚力量。

3.继续结合课题研究,争取在教学实践中梳理、总结、提炼教学思想,形成自己的教学风格;在提升自己的同时和语文团队中的教师们一起进步,争取向"特级教师"努力。

(三)十年规划(2016—2026)

目标:教学相长,教研并进,形成自己的教育思想、教学主张及教学风格特色,做一名受学生爱戴的老师。继续发挥作为市级学科带头人和校教研室主任的作用。

措施:

1.继续完善自身的专业素质和综合能力,力争使自己成为业务上不断创新、教育科研上有所突破、课堂上有所成就的教师;同时,进一步加强教育理论学习,争取做专家型教师,向正高级教师努力。

2.大胆推进课堂教学改革,提高课堂效率。带领学生进行研究性学习,训练学生自主学习和思考的能力,培养学生关注社会、关注自然、关注人类的习惯,提高学生的综合素养。除了常规教学外,在活动课中鼓励学生互相配合,撰写调查报告和小论文,争取发表。

3.梳理、提炼、完善自己的教育思想、教学主张及教学风格,做一个受学生爱戴、家长肯定、学校放心的好老师。

4.梳理教学教研工作经历,总结教学教研体会和经验,有计划地撰写教学随笔和教研论文等专业文章,在报刊公开发表,争取在退休前至少出一本书,总结30多年的教学教研经验,给后来人一定的帮助。

2016 年 12 月

第二讲　课前备课篇:中学语文教师专业发展的储备库

第一节　如何提高备课效率

我们站多久的讲台,就需要备多久的课,备课是教师职业生涯中永恒的话题。作为教师教学的"基本功"之一,备课是上好课的前提。教师只有深度备课,才会有精彩的课堂教学。作为教师专业发展的抓手之一,备课需要通过经验的积累、知识的更新及不断反思,才能让教师自身逐步走向成熟。在"三新"(新课标、新教材、新高考)背景下,课堂教学研究又灌注了包括有效教学、基于核心素养的学科教学、大单元教学、情境教学等新理念、新思维与新的方式方法,我们需要迅速适应备课新要求,提高备课效率。

一、什么是备课

备课是教师根据学科课程标准的要求和本门课程的特点,结合学生的具体情况,选择最合适的表达方法和顺序,以保证学生有效地学习的一种专业行为。备课是"系统工程",不能把撰写教案(教学设计)、设计问题视为备课的全部。从时间与内容的跨度上看,学期计划或学期课程纲要是宏观预设与安排;单元计划或单元课程纲要是中观预设与安排;课时计划与备课则是微观的应时预设,它具有更具体的操作性特点。教师如果过度依据备课时的预设与安排,可能导致教学控制过度,限制学生的学习活动和发展。

富有教学经验的教师,其预设的教法和程序操作,会给预设留下对课堂现场变化的更改与应对的办法。

二、备课的分类

备课一般分个人备课和集体备课两种形式。新课程与新课堂教学,要求教师从孤独的个人备课走向团队式集体备课。校本研修中的备课和教师专业发展中的合作交流,给"备课"一词注入了丰富的内涵与外延,学校办学特色要融入课堂、特色教改要引入课堂、课题研究要进入课堂,这些都驱动着个人备课与团队备课协同进行。

三、提高个人备课效率的策略

(一)基于目标——目标可以把备课导向高效

确定目标的一般步骤:

1. 解读课程标准—了解"课标"项目构成—熟悉其中的学段和单元的学习要求与建议。

2. 掌握课程理念与学科素养—理解各学科课改中共同的价值追求—把基于本学科的课程理念意识贯穿到备课过程之中—从学科理念中洞察学科素养—在教学设计与实践中给予渗透式贯彻。

3. 把学科课程目标转化、细化为教学目标—明确学习主体"要到哪里去"和"如何到那里"的问题—通过交流、合作渗透核心素养的培养。

(二)基于学情——学情是提高备课效率的基础

学生的真实状态是课堂教学一切活动的出发点,要特别重视了解学生,把学生看成备课资源,从中提取素材。如果教师能沿着"学生已经知道了什么,学生是怎么想的,学生喜欢怎样的学习"的思路去设计课堂教学,那么这样的课程一定深受学生欢迎。

了解学情的一般步骤:

1.学生"实际是什么"—了解学生的知识和能力基础(已经能做什么、说什么、写什么、算什么、读什么等)—知晓学生的心理特征和学习态度等。

2.希望达到的学习状态(应该是什么)—预测学生的认知、情感、态度或心理等方面应达到的结果与状态。

3.学习需要分析:明白期望达到的学习状态与目前的学习状况的差距。

(三)基于教材——教材是提高备课效率的依据

教材是以课程标准为依据来编写的,它是教师教与学生学之间的中介。教师必须钻研教材,把握教材内容的系统性,遵循教材的逻辑性,保证教学内容的科学性。同时教师钻研教材的目的还在于驾驭教材,对教材进行二次开发。无论是传统的"教教材",还是现在倡导的"用教材教",都无法摒弃教材的"文本"作用。掌握教材和驾驭教材是备好课的首要条件。教材仅仅是例子,教师完全可以超越它。参考书写得再具体、再详细,也不能代替教师自己对教材的钻研。

使用教材的一般步骤:

(1)解读教材—理清教材的特点和学科特点—形成针对教材特点的教学方法。

(2)吃透教材—理解编者意图—理清教材线索和知识系统—探究教材重点、难点和讲练结合点—努力探究教材深度、广度和密度。

(3)驾驭教材—改造教材与重组教材—把教材看成"一种例子""一个经验",实施基于教材的教师个人或群体的再创造。

(四)基于资源——资源是提高备课效率的保障

仅以教材为核心运用教学资源来备课,难以达到促进学生学习的目的,选择和利用合适的课外教学资源有助于转变学生的学习方式,有助于促进学生全面发展,有助于引导学生主动学习,从而提高备课的针对性。可以从学生、课外读物、数字化教学资源（如影像资源和在线测评）等方面选择和利用非教材教学资源,提高备课效率。

（五）基于方法——方法是提高课堂效率的灵魂

备课是一项充满个性的创造性活动,对目标的确立、教材的钻研,对学生的了解,以及对教学资源的开发利用,最终都呈现在精彩的教学方法上。研读课标、研读教材是为了从中提炼教法,了解学生或熟悉学生,也是为了找到适合学生的学法。于漪老师认为："教材要拿来为我所用,从学生实际出发,选择恰当的方法,启发、引导、组织学生开展读、写、听、说的训练。教有法而无定法,选择什么方法教最有效,教师完全可以充分发挥自己的聪明才智,完全可以匠心独运。"精备教法,实施有效教学是名师们共同的特色。

（六）基于自身——自身是提高备课效率的内驱力因素

教师要认真分析影响自我备好课和上好课的各种因素,通过解剖自我、塑造自我、超越自我,让自己的备课等专业技能走向成熟。

四、提高集体备课效率的策略

（一）重视集体备课,认识集体备课的重要性。教师集体备课是以教研组、备课组为单位,组织教师开展集体研读课标和教材、分析学情、制订学科教学计划、分解备课任务、审定备课提纲、反馈教学实践信息等系列活动。集体备课要在个人备课的基础上,每周进行。集体备课的作用不可小觑,通过集体备课教师可以集思广益,萃聚集体智慧;可以资源共享,提高教学质量;可以团结协作,促进教师成长;可以增进了解,营造学术氛围;可以减轻负担,提高工作效率。

（二）了解集体备课的方式，落实集体备课的要求。 集体备课一般分为三种方式：一是单一的集体备课方式，包括传统集体备课、主备人集体备课等；二是备课、上课、研讨、修改为一体的集体备课方式，包括集体备课＋代表上课＋研讨修改、集体备课＋各自上课＋研讨修改、各自备课＋各自上课＋研讨备课等；三是网络集体备课。集体备课要求"四定""六个统一"。"四定"指定时间、定地点、定内容、定中心发言人。"六个统一"指统一教学进度、统一教学目标、统一教学重难点、统一每一节授课的共同内容、统一作业、统一阶段测试。提倡"六个统一"不是要"一刀切"，而是应根据教学的具体情况，经集体分析，做出合理安排。

（三）选定集体备课内容，遵循集体备课流程。 集体备课要备教学思想、备课程标准、备教材、备目标、备教学手段、备教法、备学法、备教学过程、备作业设计、备板书等等，当然，凡此种种均要围绕备学生来进行。集体备课的流程一般为个人备课（确立课题、查阅资料、形成初案）—集体备课（组内研讨、形成共案、个性化设计）—实践完善（教学实践、交流反思、完善设计）—总结反思（再次实践、总结提升、资料保存）。

（四）掌握集体备课方法，落实集体备课策略。

1.读懂课标教材。了解本教学内容在课程标准中的具体要求；熟读教师用书或单元提示，了解本教学内容的地位和作用、本单元的教学目标、编排的主要特点、教材说明及教学建议、评价建议、练习题的说明及建议等；根据单元教学目标、教材说明及教材建议、学情分析等制定本课时的教学目标及教学重难点；根据需要确定自己的教学资源。

2.个人精心准备，集体充分交流。课前的准备工作是必不可少的，要想上一节成功的课首先要考虑到各方面的因素，精心准备。主备人写出自己的教学设计，在组内进行说课，具体说一下设计意图和教学流程，由其他教师进行评价，取长补短，为课堂实践打下良好的基础。（1）主备人初备基本要求：脑中有课标、腹中有教材、目中有学生、心中有方法、胸中有教案。（2）集体研讨要求：在集体研讨活动中，主备教师要提供给本组教师统一的教案，然后由主备教师说课。主要包括以下内容和顺序：说教材，包括课标要求、教材内容、文章主旨、文章结构、写作方法；说教学目标(三维目标、素养目标)；说教学重点、难点(知识点、能力点、训练点)；说学情；说教法、学法；说教学手段；说教学过程；说作业设计；说板书设计；等等。在此基础上修正教案：在集体备课中，中心发言人说课，老师们共同探讨、相互补充，使得教案内容更加充实、完善。

3. 初步尝试，反思改进。一节课只反映自己的主观认识，是远远不够的，要想有更大的进步还需要大家的帮助，把大家的优点集于一身。所以试教是集体备课中一个非常重要的环节，由主备人试教，所有的听课教师进行集体评课，大家畅所欲言，发表自己的观点。从课中是否充分地体现了课改理念，到是否"吃透"了教材，创造性地运用教材，反思在教学中存在的漏洞，提出改进意见并总结经验，完善教学设计并再次试教、再次改进，直到大家都形成统一的认识为止。

4. 统一思想，保留个性。形成统一认识后，教学设计要整个备课组的教师人手一份，形成资源共享。但要提醒大家的是，这份教学设计不是万能的，一定要根据学生情况、教师自己的教学风格进行再修改，以适合自己、适合自己的学生。

5. 总结反思，不断发展。个性化的教学设计不可能一劳永逸，同样要经过实践来检验。反复整理教学流程，是积累经验的过程，是不断发展、不断成长的过程。课后交流,就是对备课的总结阶段。备课组教师在集体备课的情况下授课,要进行交流,对教学进行反思,肯定优点,指出不足,以扬长避短,促进今后教学的进一步开展。

附录

集体备课活动记录表

_____学校　　_____备课组

组别		时间		地点	
年级		科目		课型	
课时		主持人		主备人	
记录人		成员			
备课主题					
主备课教师教学设计构想				讨论记录(个人建议、构思或观点)	
课标分析					
教材分析(包括教材内容、文章主旨、文章结构、写作方法等)					
学情分析					
教学目标(知识点、能力点、训练点)					

续表

教学重点		
教学难点		
教法		
学法		
教学过程设计		
布置作业		
板书设计		
集体备课活动小结		
活动照片		
备注		

第二节　如何制订教学进度计划或课程纲要

一、学期(或学年)教学进度计划

学期(或学年)教学进度计划一般在学期(或学年)开始以前制订。它的作用在于明确整个学期(或学年)教学工作的任务和范围,并做出通盘的安排。它一般由两部分组成:一是总的说明,包括教材分析,学生基本情况分析,学期(或学年)教学目的、教学设想、教学总时数,预定复习、考试和考查时间等;二是教学进度计划表。示例如下:

_____ 学校 20 23—20 24 学年第一学期教学计划

高一年级　语文学科　任课教师 _____

一、学期总说明(略)

二、教学进度计划表

周次	时间	单元双线	教学内容	教学目标及要求	教学方法及教具准备	教时	备注(具体课时分配)
1	8月28日—9月1日	第一单元的单元主题是"青春激扬",属于"文学阅读与写作"任务群(一)	1沁园春·长沙/毛泽东 2立在地球边上放号/郭沫若 红烛/闻一多 *峨日朵雪峰之侧/昌耀 *致云雀/雪莱	1.理解诗词运用意象抒发思想感情的手法,把握小说叙事和抒情的特点,体会文学作品的独特魅力; 2.感受文学作品意蕴的丰富性和语言表达的特殊方式,学习从语言、形象、情感等不同角度欣赏作品,获得审美体验,提升审美能力; 3.尝试诗歌写作,增强语言表现力。	诵读鉴赏法 问题教学法 合作探究法 比较阅读法 多媒体辅助教学	5	第一单元共安排10课时: 1.单元导读,1课时。 2.《沁园春·长沙》,2课时。 3.《立在地球边上放号》《峨日朵雪峰之侧》《红烛》《致云雀》,群文阅读2课时。
2	9月4日—9月8日		3百合花/茹志鹃 *哦,香雪/铁凝 单元学习任务及作文教学"学写诗歌"			5	4.《百合花》《哦,香雪》,群文阅读4课时。 5.单元学习任务及作文指导,1课时。
......	......	......	......				

二、学期(或学年)课程纲要

(一)课程纲要及要素

课程纲要就是一种规定时间内的课程计划,具体地说,它是教师依据课程标准或指南和相关教材撰写的,体现某门或某种课程各种元素的计划大纲。

教师编制课程纲要,实际上就是对将要实施的教学进行整体设计,需要研究、分析教学中所涉及的各方面因素,如课程目标、课程组织、实施条件、学生背景、学生评价等。正因如此,编制课程纲要对教师、学生以及学校都有着重要的意义。它有利于教师整体把握实施的课程目标与内容,审视满足课程实施的所有条件;有利于学生明确所学课程的总体目标与内容框架;有利于学校开展课程审议与管理。

一般而言,课程纲要的构成要素包括三个方面:

一般项目:学校名称、课程类型、设计教师、适用年级、日期、课时;

课程元素:课程目标、课程内容、课程实施、课程评价;

所需条件:为顺利实施该课程所需要的条件。

编制课程纲要的关键环节是处理好四个课程元素:

课程目标是课程的灵魂,制定目标的依据是对课程标准的分解以及对学生的研究、对教材和其他现场资源的分析等。撰写课程目标的具体要求有:全面、适当、清晰;一般用4—6点来描述;目标涉及三个维度,特别是认知要求。

课程内容是指依据课程目标对教材的内容及相关的资源进行一定的选择与组织,它要求教师从总体上把握教材内容难点、重点等,并要求教师明确所需相关学习资源是否具备。

课程实施是指如何更好地实施上述内容,以便于学生实现所期望的目标,它涉及学习主题、活动的课时安排、教与学的方式等。

课程评价是指如何确定上述目标已经或正在得到实现,采用什么样的评价任务才能获得准确的信息,什么样的评价方式才能使学生表现得更好,等等。

(二)课程纲要和教学进度表的区别

为什么说教学进度表不是课程纲要呢?因为教学进度表只有进度,没有教学;只有课文,没有课程;只有教师,没有学生。课程纲要与教学进度表的主要区别在于:课程纲要完整地体现了课程元素——课程目标、课程内容、课程实施与课程评价,而教学进度表主要包括时间与教学内容的安排,没有完整地体现课程的所有元素。

课程纲要的叙写一般有两种格式:一种是按目标—评价任务—学习活动来呈现的,即基于课程标准设计的课程纲要;另一种是按上述顺序呈现各个课程元素,一些没有课程标准做依据的课程设计经常采用这种方式,如学校自主开设的特色校本课程。

示例:

统编版高中语文必修下课程纲要

【课程类型】必修

【授课时间】72 课时

【教学材料】统编高中语文必修下册

【授课对象】2022 级高一(3)班

【授课教师】刘红

【课程标准相关陈述】

"课程目标"要求："学生通过阅读与鉴赏、表达与交流、梳理与探究等语文学习活动，在语言建构与运用、思维发展与提升、审美鉴赏与创造、文化传承与理解几个方面都获得进一步的发展；坚定文化自信，自觉弘扬社会主义核心价值观，树立积极向上的人生理想，为全面发展和终身发展奠定基础。"

"教学建议"要求："必修课程的教学应立足于共同基础，重视日常语文积累，为学生学习选修课程奠定坚实根基。教学时要重点培养学生基本的语言文字运用、思考表达、文学作品阅读与鉴赏，以及文化传承、理解与创新等方面的素养。"

"评价建议"要求："必修课程评价应立足于共同基础，考查学生在不同学习情境和实践活动中学习和运用语言文字的基本能力。重点考查学生语文学习过程中的体验和感受、学习策略，以及梳理、探究能力，尤其是基于社会情境的阅读、表达与交流的能力，读写活动中的思维表现以及不同体裁文学作品的审美感知、评价欣赏、独立创作情况；还要考查对多样文化的理解，对当代文化现象的关注和评析，以及对未来文化发展的思考和展望等。"

"学业质量水平"的要求："水平一和水平二是必修课程学习的要求。"

【课程目标】

单元	人文主题/学习任务群	学习目标	备注
第一单元	中华文明之光/思辨性阅读与表达(二)	1.通过本单元内容的学习,理解中国传统文化的一些重要理念,认识其深层内涵与文化价值。形成对传统文化的理性热爱,自觉维护和发扬"中华文明之光"。 　2.体会儒、道思想的不同特点,把握先贤对社会和人生的不同看法,从不同角度思考其深层意蕴,并结合当下的社会文化生活,思考其现代意义。理解史传中体现出来的智慧、观念,学习对历史叙事进行思辨性阅读,提高认识历史的能力。 　3.反复诵读,整体把握文意,借助注释和工具书深化理解,进一步提高独立阅读文言文的能力。分析对比,领会诸子散文在论事说理方面的不同特点和史传散文在叙事写人方面的艺术手法。 　4.在学习文化经典的过程中吸取思想养分,滋养理性精神,发展思辨能力,学习论说方法。 　围绕比较重要的社会、文化话题,鉴古而观今,写一篇议论文,阐述自己的观点。	整个学期八个单元的学习目标分别列出。
……	……	……	……

【评价任务】

1.过程作业:随笔 8 篇、大作文 6 篇(包括纸笔测试作文)、小组合作完成"跨媒介素养"单元和《红楼梦》单元小论文 2 篇等。

2.阶段性检测:每单元采用多种形式考查学生学习情况 1 次,开学、期中、期末采用纸笔测试,题型有选择题、填空题、古文翻译题、简答题、作文等。

【学习活动】

课程内容和实施:

第一阶段:起始课(1课时),介绍必修下的学习目标、学习内容的重难点、学习方法、学习进度、学习要求等。学期前检测讲评(1课时),检查必修上的学习状况和假期作业的完成情况。

第二阶段:八个单元的学习,前四个单元为第一部分、后四个单元为第二部分,中间穿插期中检测。具体安排见下表:

单元	学习内容	学习要求	学习方法及教具准备	课时安排
第一单元	1 子路、曾皙、冉有、公西华侍坐/《论语》 *齐桓晋文之事/《孟子》 庖丁解牛/《庄子》 2 烛之武退秦师/《左传》 3* 鸿门宴/司马迁 写作:如何阐述自己的观点	1.学生掌握诸子散文和史传文不同的语言表达特点,以及丰富的文学常识;掌握史传文叙事写人的曲折生动的方法。 2.学生理解孔子的政治主张以及"礼乐治国"的政治思想。总结孟子的仁政思想及具体措施;学习孟子的论证技巧和说理方法,重点掌握比喻在文章中的运用和重要作用;结合现实生活发掘"庖丁解牛"之道的内涵,从中领悟庄子为人处世的道理,培养学生敢于实践、运用规律的精神,掌握古人说理的方法和正确评价历史人物的方法。 3.教师以学习古代传统文化为契机丰富高中生的精神修养,利用传统文化历来倡导的道德实践来提升高中生的精神境界,培养他们对社会的高度责任感,引导他们树立积极的人生态度。	诵读法 讨论法 合作探究法 多媒体辅助教学	14课时:1.第一课为群文教学,共7课时;2.第二课为单篇教学设计,共2课时;3.第三课为单篇教学设计,共3课时;4.综合学习活动,共1课时;5.作文指导,共1课时。
……	……	……		……

第三阶段:总结与评价(3课时)

必修下复习;整理有关作业和八个单元的考查成绩,做好过程评价;参加模块测试,确定必修下学习成绩和学分。

【作业和评价细则】

1.过程表现与作业。(1)课堂学习表现(20分);(2)平时作业及背诵(20分);(3)随笔(8篇20分);(4)小论文(小组活动作业2篇10分,活动表现10分,合计20分);(5)大作文(6篇20分)。总计100分。

2.课程测试。测试内容包括:开学检测(20%)、期中检测(30%)、期末检测(50%)。合计满分100分,测试形式为闭卷笔试。

3.学分认定。根据课程过程表现与作业、测试满分200分,划分这门课程的等级为:

180分及以上为A,160—179分为B,140—159分为C,120—139分为D,119分及以下为E。等级为D等及以上的,获得该模块4个学分;E等的不能获得4个学分,须按学校规定补修或补考。

【推荐资源】国家中小学智慧教育平台(https://basic.smart-edu.cn/)必修下每课视频、学习任务单、作业等。

第三节　如何制订单元课程纲要

单元课程纲要一般在一个单元的教学开始以前制订。它的作用在于对一个单元的教学工作进行全面安排。单元课程纲要包括单元总体情况、课程目标、课程内容、课程实施、课程评价等项目。可以是文字版,也可以是表格版。

示例:

统编版高一语文必修下第一单元课程纲要

【课程名称】高一语文必修下第一单元

【课程类型】必修课程

【教学材料】统编 2019 年 12 月第 1 版《普通高中教科书　语文　必修　下册》,教育部组织编写

【教学时数】14 课时

【授课教师】高一语文备课组

【开发教师】刘红

【授课对象】2025 届 1—9 班

【撰写日期】2023 年 2 月 6 日

【课程背景】

必修下第一单元的人文主题为"中华文明之光",属于新课标学习任务群的"思辨性阅读与表达"的第二个单元,共有三课,由五篇诸子文和史传文组成。

1.课标要求:学习浅易文言文,能借助注释和工具书,理解词句含义,读懂文章内容;了解并梳理常见的文言实词、文言虚词、文言句式的意义或用法,注重在阅读实践中举一反三;体会中国古代优秀作品中蕴含的中华民族精神,为形成一定的传统文化底蕴奠定基础;从历史发展的角度理解古代文学的内容价值,从中汲取民族智慧;用现代观念审视作品,评价其积极意义与历史局限。

2.学情状况:本学期是学生进入高中学习的第二学期,在必修上已经学习了四篇文言文,学生在一定程度上适应了高中语文的学习内容与学习方法,但还要继续注意初中知识与高中知识的衔接,注意达到高中必修阶段对文言文学习的广度、深度、灵活性、思辨性的要求。

【课程目标】

1.了解孔子、孟子、庄子其人其事,初步知晓其著作的思想内涵;初步了解儒家、道家思想的特征,体会相关篇章论事说理的技

巧和不同的表达风格。

2.阅读史传文,要关注其叙事曲折有序、写人生动传神的特点,尝试理性评价历史叙述中体现的思想、观念,认识历史人物和历史事件。

3.掌握本单元出现的词类活用、一词多义、通假字、古今异义字、特殊句式等文言知识点,积累重要的文言实词和相关的文学文化常识。

4.借助注释和工具书疏通文义,采用分角色、男女生比赛、小组竞赛等多种方式朗读课文;通过讨论交流,感知文本中不同人物的个性和志趣;学会分析人物的性格特征,培养思辨能力;写议论性文章,学会阐述自己的观点。

5.理解儒家、道家的政治思想,认识其文化价值,联系社会现实,树立正确的人生观、价值观。

【课程内容】

1.本单元是以阅读与写作为主的单元,内容包括:单元导语、课文及注释、学习提示、单元学习任务。写作内容为"如何阐述自己的观点"。其中课文包括:第一课《子路、曾皙、冉有、公西华侍坐》《齐桓晋文之事》《庖丁解牛》,第二课《烛之武退秦师》,第三课《鸿门宴》。

2.学习具体内容及要求:(1)学生掌握诸子散文和史传文不同的语言表达特点,以及丰富的文学常识;掌握史传文叙事写人的曲折生动的方法。(2)学生理解孔子的政治主张以及"礼乐治国"的政治思想。总结孟子的仁政思想及具体措施;学习孟子的论证技巧和说理方法,重点掌握比喻在文章中的运用和重要作用;结合现实生活发掘"庖丁解牛"之道的内涵,从中领悟庄子为人处世的道理,培养学生敢于实践、运用规律的精神,掌握古人说理的方法和正确评价历史人物的方法。(3)积累文言知识,感知文本中不同人物的个性和志趣;学会分析人物的性格特征,培养思辨能力;写议论性文章,学会阐述自己的观点。(4)教师以学习古代传统文化为契机丰富高中生的精神修养,利用传统文化历来倡导的道德实践来提升高中生的精神境界,培养他们对社会的高度责任感,引导他们树立积极的人生态度。

【课程实施】

(一)教学方式

本单元为"思辨性阅读与表达"任务群内容,在教学上应该有意识地培养学生学习文言文的良好习惯,让学生掌握学习文言文的基本方法:教师要做良好阅读实践的创设者、课堂阅读活动的组织者、学生阅读的促进者;继续关注学生的语言积累以及语感和思维的发展;重视情感、态度、价值观的正确导向;鼓励学生批判质疑,积极倡导自主、合作、探究的学习方式,引导学生掌握学习文言文的方法,培养审美能力、探究能力;促进学生整体素质的提高。

1. 注重预习环节,引导学生自主学习:利用注释,自读自通课文;利用工具书,自行解决阅读中的障碍;利用多种媒体,了解作家背景、社会影响等相关知识;启发学生结合语境动态判断没有加注的词语的意义。

2. 从整体上感知文章,引导学生在阅读时努力做到知人论世,启发学生抓住关键词句思考作者议论时的思想脉络。初步了解儒家、道家思想的特征,体会相关篇章论事说理的技巧和不同的表达风格。要关注其叙事曲折有序、写人生动传神的特点,尝试理性评价历史叙述中体现的思想、观念,认识历史人物和历史事件。

3. 以多层次诵读为主线,在读中理解词句,在读中体会思想情感。

泛读,要准确、有感染力,激起学生诵读的兴趣。

诵读,要读出节奏、语气和韵味。

指导,要准确,包括正音、停顿与情感的把握。

背诵,要抓住文章脉络。

4.为学生学习设计教学,创设良好的自主学习情境,启发学生能发现、会探索,借助集体的智慧激疑诱思、探究讨论,课堂上以合作、探究为主,从而探寻出适合自己的学习文言文的方法和途径,培养思辨能力。

5.指导学生总结梳理,一要整理文言知识,积累常用文言词语和文言句式;二是整理名句,强调默写与积累;三是整理自己的阅读感受,能用文字清晰地表达对作者的认识,初步理解儒家、道家的政治思想,认识其文化价值。

(二)学习方式

1.重视诵读的力量。利用多样化的诵读,让学生感受议论散文和史传文的语言,体会其中的节奏、语气和韵味,培养学生的文言语感。可以通过初读(读准字音)、译读(理解内容)、美读(读明节奏,读出语气,读出韵味)的三步读书法,使学生在理解文章内容、把握形象特征的基础上,熟读成诵,尽可能多背诵一些篇章,进一步品味优美语句,仔细体会文章的艺术特色。

2.加强小组内"合作探究",逐字逐句理解文意,引导学生注重归纳、总结,积累常见的文言词语和文言句式。

3.初步知晓儒家、道家主要著作的思想内涵;初步了解其特征,体会相关篇章论事说理的技巧和不同的表达风格。阅读史传文,要关注其叙事曲折有序、写人生动传神的特点,尝试理性评价历史叙述中体现的思想、观念,认识历史人物和历史事件。结合现实,重视情感、态度、价值观的正确引导。

4.引导学生充分利用学历案、字典等工具,做好文言文的预习;课堂上对学生的困惑进行解答;引导学生用勾画法找出文中的精彩段落,并结合作者经历,讨论分析其思想情感。

(三)课时安排

1.第一课:《子路、曾皙、冉有、公西华侍坐》《齐桓晋文之事》《庖丁解牛》群文教学设计,共7课时。

2.第二课:《烛之武退秦师》单篇教学设计,共2课时。

3.第三课:《鸿门宴》单篇教学设计,共3课时。

4.综合学习活动,共1课时。

5.作文指导《如何阐述自己的观点》,共1课时。

合计14课时,约用三周时间。

【课程评价】

(一)评价指标(听说读写活动采用等第评价,测试采用百分制评价)

(二)评价方式及结果处理

1.教师评价。根据学生诵读、发言、提问、交流等课堂活动,同时关注学生学习的状态、情绪、方式,把握学习的难点和目标达成度,用激励性评价语言肯定、鼓励学生,针对学生的疑难点拨引导,鼓励学生自主解决疑难、主动探究新知。设计合理的问题、作业、测试,适时对所学内容进行诊断,关注学生个体的成长。通过举办和语文学习相关的活动(比如朗读比赛、课本剧表演、主持人大赛等活动)发现学生特长,促进其个性发展。

2.自我评价。结合学习内容,从积累、方法、习惯等方面设置量化等级,设定目标底线,设置纠错反思栏,设计合理的自我评价表,综合学生在预习、课堂学习、课后巩固等环节中完成的情况,由学生自我评价,调整方法、态度,促进其自主学习、自我反思。

3. 相互评价。通过知识积累互测、课堂发言、学习方法交流、小组评比与讨论等渠道组织同桌或小组成员之间互相评价,学会倾听和尊重同伴的评价,尊重个体差异。

【课程资源】

1. 开发并利用好语文教材,发挥教材的多种功能。领悟到教材以外的东西,综合提高语文素养。获得学习方法,形成正确的学习态度和习惯。

2. 推荐课外阅读优秀的作品,比如儒家、道家经典片段,《史记》篇目等,扩大学生的知识面,补充课内资源的不足,实现从课内到课外的衔接。

3. 开展丰富的语文实践活动,如古文诵读竞赛、自编习题集、辩论等。

4. 利用网络资源,充分运用各种媒体资源,拓展课堂教学的广度和深度。

第四节　如何编写教案或教学设计

教案即教学方案,一般上每节课之前制订。教案是对每一节课进行的缜密设计,是教师讲课的依据,直接关系到课的质量。中小学各学科,都有大约一致的教案格式,但近年来,由于教学改革的主攻方向和主导思想的差异致使教案的内容、形式有所不同。教案的项目内容是大同小异的,一般有十二项,只不过不同教学模式和学科可略有增减和改变而已。教案一般呈现为文字式或表格式。

一、教案的项目内容

第一项:课题(本课名称)

第二项:教学目标(从教育心理学角度看,它包括认知、动作技能、情感和个性发展四个目标;从新课程目标来说,包括"知识与能力""过程与方法""情感、态度与价值观"或核心素养要求)

第三项:教学重点(指本课所必须解决的关键问题,重点可以因课时和教育对象而异)

第四项:教学难点(本课教学时易产生的学生学习上有困难和障碍的知识点)

第五项:课型(指新课——论述类、实用类、文学类、文言文类等,复习课、练习课、讲评课等)

第六项:教学方法(语言性教学方法,如讲授法、谈话法、读书指导法等;直观性教学方法,如演示法、参观法等;实践性教学方法,如实验法、练习法、实践作业法等;研究性教学方法,如讨论法、发现法等)

第七项:教具与学具(教具指教学时使用的材料与设备,要写明名称、使用情况;学具指学生学习时使用的工具、材料与设备)

第八项:教学时数(指课时安排)

第九项:教学过程(指教学过程结构,包括教学内容、方法、步骤、措施等)

1.导入新课:设计新颖活动,精当概括。预设思考:怎样进行?复习哪些内容? 提问哪些学生? 需要多少时间?

2.教授新课:针对不同教学内容,选择不同教学方法。预设思考:怎样提出问题? 如何逐步启示、诱导? 教师怎样教? 学生怎么学? 需要多少时间?

3.巩固练习:练习设计精巧,有层次,有坡度,有密度。预设思考:怎样进行? 谁在黑板演示? 需要多少时间?

4.巩固小结:预设思考:怎样进行? 是教师归纳还是学生归纳? 需要多少时间?

5.作业安排:预设思考:布置哪些内容? 需不需要提示或解释? 需要多少时间?

第十项:作业设计(即作业布置)

第十一项:板书设计(指在黑板上板书提纲或多媒体显示的授课提纲)

第十二项:教学反思(或教学后记)

二、教案和教学设计的区别

一般意义上的教案是指授课教师的课时计划,是以课时为单元设计的具体教学方案。它是教育科学领域的一个基本概念。课堂教学设计是各种大小不同层次的教学设计中运用最多的一个层次。从研究范围上讲,教案是教学设计的重要内容。

教案尤其是传统的教案往往以"课堂、教师、教材"为中心,以教师怎样教来编写。教学设计更重视学生的学,怎样教学生学得更好,以达到更好的教学效果。为了促使教师主导与学生主体地位的辩证统一,对学习者进行深入细致的特征分析,是教学设计不同于教案的重要方面。教学设计包括的内容十分丰富,有学习者的需要分析、学习内容分析、学习目标的阐明、教学策略的制定、媒体的分析与应用以及教学评价等,在实际的课堂教学中,主要进行学习目标、教学策略和教学评价三个要素的构建。总之,教学设计是一个解决问题的过程,会给教师提供一个比传统教案更科学、更全面的教学实践方案。

三、教学设计的基本要素

一是教学对象。以学习者为中心的教学设计是设计的基点与主线，要把学习者的知识基础、能力基础、心理特点与倾向作为最原始的分析材料，进而判定学习者的"初始状态"，确认学习者发展的可能空间。

二是教学目标。教学目标在教学设计中是一项基本要求。它基于课程目标和单元目标，但在具体设计时，要将目标进行细化，要求尽量可观察、可检测，甚至可量化。这项工作是在分析学习需要、学习内容和学习者的基础上进行的。教学目标一旦确认，设计就此展开，以目标为导向，形成对应的策略与过程。

三是教学策略。策略是在目标确认之后，所构思的方法与步骤。策略的依据是教学任务和学生特征，策略的形成是在选择、组合和安排中进行的，包括如何选择与组合教学内容、采用怎样的教学组织形式、选择何种教的方法与学的方法等。教学策略的要素构成比较复杂，在考虑教与学的师生因素和教学内容构成后，要以优化、高效为原则，确定并安排教学形式、环节、步骤和方式方法。

四是教学评价。教学设计评价，实际上是指对教学设计进行形成性评价。对教学设计者来说，主要精力要花在课堂随堂效果的检测上，如设计出课堂内容应用效果的简易测试题，以进行调控。另外，执教者应清楚如何处理学习者的问题和应该教到什么程度，并明确在怎样的条件下给学习者提供怎样的帮助。对评价者来说，主要任务是对所采用的教学形式、教学方法，安排的教学活动、步骤是否具体、可行等一系列问题做出检验。

四、教学设计的流程

设计教学目标；设计教学策略；设计教学媒体；设计教学过程，包括教学过程中的教学评价——形成性教学评价和总结性教学评价；设计课后作业；等等。以上教学设计过程需要反复反馈修正。

示例：

《子路、曾皙、冉有、公西华侍坐》《齐桓晋文之事》《庖丁解牛》群文阅读教学设计

课题	思理想社会　识处世姿态 ——《子路、曾皙、冉有、公西华侍坐》《齐桓晋文之事》《庖丁解牛》群文阅读		科目	语文
授课班级	高一(3)班	课时	1课时　执教者	刘红

一、教材内容分析

　　本单元的人文主题是"中华文明之光"，属于必修课程"思辨性阅读与表达"任务群。第一课三篇课文涵盖中国古代思想史中影响最大的儒、道两家的经典，涉及儒、道两家重要的价值观念、社会理想、思维方式和行为模式，虽然以说理为主，但也有不少叙事、描写的成分，有的篇目还具有较强的文学色彩，凸显了中国古人的思维特点和说理方式。本课将"提高理性思维水平"与"理解、传承优秀传统文化"两项任务结合起来，丰富了思辨性阅读的文化内涵，也能增进学生对传统文化的理解。

二、学习者特征分析

　　学生在初中已经学过先秦诸子文章，对儒、道两家的思想学说有了一定的了解。进入高中，来到一个全新的环境，学习热情高，思维活跃，对高中学习生活充满期待。只是他们文言文基础薄弱，学习文言的能力也不强，需要花大量时间落实文言基础知识、整体感知文本、梳理文本脉络等，这些环节需要老师督查到位。对于儒、道两家的思想主张，学生在历史课中有一定的积累，这有利于学生借助所学历史知识深度理解文本的思想内涵，进而深入挖掘其思想精髓，联系现实思考其现代意义，从而实现深度学习，滋养学生的理性精神。

三、教学目标

　　1.梳理《子路、曾皙、冉有、公西华侍坐》《齐桓晋文之事》《庖丁解牛》三篇课文中主要观点的内涵、表达方式以及与文中其他观点的关系。

　　2.比较《论语》《孟子》《庄子》在体例、语言、说理等方面各自的特点。

　　3.探究先秦诸子中儒家、道家的社会理想和生存姿态，思考其现代意义。

续表

四、教学策略选择与设计

　　本节课是《子路、曾晳、冉有、公西华侍坐》《齐桓晋文之事》和《庖丁解牛》教学的第五课时。前四个课时分别立足三篇课文，从文言文教学的"文字""文章""文学"角度安排教学任务：其一，梳理并积累重点词语和语法知识，归纳语气助词在不同语境中所表达的不同语气。其二，理清文章的行文脉络：《子路、曾晳、冉有、公西华侍坐》的"言志"线索，《齐桓晋文之事》的迂回曲折的论辩思路，《庖丁解牛》的解牛过程。其三，了解文体特征，欣赏叙事技巧：《子路、曾晳、冉有、公西华侍坐》的语录体特征，简洁传神的描写特色；《齐桓晋文之事》的对话体特征，因势利导的透辟说理；《庖丁解牛》的寓言体特征，形象生动的说理特点。完成以上基础任务后，本节课主要从"文化"的角度切入，以"文化传承与理解"这一核心素养为引领，将《子路、曾晳、冉有、公西华侍坐》《齐桓晋文之事》《庖丁解牛》进行群文对比阅读，探究孔子、孟子与庄子在生存姿态、社会理想方面的异同。

　　主要教学方法：诵读涵泳，文本细读；资料辅读，对比研读；情境表达，讨论探究。

五、教学环境及资源准备

　　1. 课前四备齐：教材、笔记本、古汉语工具书、导学案或学历案。

　　2. 教学资源准备：《论语》《孟子》《庄子》相关原著片段及名家解读片段。

六、教学过程

教学环节	教学内容	教师活动	学生活动	设计意图
课堂导入	中国的先秦是一个战事频仍的年代，也是一个思想迸发的年代。先秦诸子百家之中，对后世影响之大者，莫过于以孔孟为代表的儒家学派和以老庄为代表的道家学派。身处乱世的他们，更渴求幸福生活。理想的社会是什么样的？人应该以怎样的姿态生存于世？对此，先哲的探寻从未停止过。	讲述	倾听	统编版教材的教学，遵循"以情境为载体，以任务为导向"的宗旨。课堂情境导入，涵盖群文阅读的议题——先哲关于社会理想与生存姿态的探寻，贯穿到整堂课的教学之中，起到提纲挈领的作用。

续表

任务一 梳理整合	三篇先秦诸子文章中,孔子表示"吾与点也",孟子提倡"保民而王",庄子重视"依乎天理",请分析以上观点的内涵、表达方式以及与文中其他观点的关系。	设计并提供表格。小结本环节内容。	梳理整合并填表,小组派代表展示交流。	本环节是本节课的重点。通过填表,学生对三篇文章的掌握由零散转向系统,这样既能够培养学生整合信息的能力,又能让学生获得的知识系统化,提升学生从文本中发现关联及推断、归纳、整合信息的逻辑思维能力,提高学生的理性思维品质,让学生在课堂上收获学习的成就感。

篇名	观点	观点的内涵	表达方式	与其他观点的关系
《子路、曾皙、冉有、公西华侍坐》	吾与点也	向往太平盛世,民生和乐	态度明确,内涵表达较为含蓄	与子路、冉有、公西华的观点既有差异,又不无相通之处
《齐桓晋文之事》	保民而王	国之本在民,只有让人民衣食无忧,才谈得上守礼加义,也才会天下归心	直接、明确	中心观点,全文的思路由此出发,又归结于此
《庖丁解牛》	依乎天理	存身、做事,处事应该顺乎自然,不可强为	以寓言的方式表达	是对"解牛"过程的解说,暗合寓意,中少有明确的观点

任务二 合作探究	1. 通过对三篇文章的学习,你觉得《论语》《孟子》《庄子》在体例、语言、说理等方面各自有什么特点?	设计并提供表格。补充资料。播放儒家、道家的介绍视频。小结本环节内容。	合作探究并填表,小组派代表展示交流。	"合作探究"设置的三个问题,由易到难,由浅入深,一步步引导学生通过阅读与研讨来探究"古人对社会理想与生存姿态"这一永恒话题,体现出思维的纵深发展过程,从而有效训练学生的高阶思维,提高学生的理性思维品质。

著作名	体例	语言特点	说理特点
《论语》	语录体	言简意赅	直接议论,平实简约的,思想深邃
《孟子》	对话体	思辨性强,善于取譬设喻,因势利导	气势雄伟,富于辩解,善于比喻和寓言
《庄子》	寓言体	形象生动,富于启发性	用比喻和寓言说明抽象的哲理

2. 学了三篇文章,你认为儒家、道家的理想社会是什么样的? 他们认为人应该以怎样的姿态生存于世?

流派	理想社会	生存姿态
儒家	社会安定、经济稳定、天下太平、人民安居乐业、社会道德高尚	选择入世,注重为人处世的学习和自我约束,讲求为君王效力,表现自身的价值
道家	主张小国寡民、无为而治,信奉清静无为的人生观,顺其自然	选择出世、消极避世,认为在养生和治理两方面,要符合道,即顺应自然规律,注重保全自身

3. 你认为我们应该取法儒家还是道家?

小结:儒家主张积极入世,忧国忧民;道家追求内心调和。儒家的积极入世态度与道家的超然物外、与世无争的态度是矛盾的,但有时候可以统一起来,即我们常说的儒道互补。正如南怀瑾先生所说的,儒家是粮店,道家是药店。

续表

| 任务三 群文拓展 | 阅读下面三则材料,完成后面的题目。
材料一
　子曰:"饭疏食,饮水,曲肱而枕之,乐亦在其中矣。不义而富且贵,于我如浮云。"(《论语》)
材料二
　孟子曰:"君子有三乐,而王天下不与存焉。父母俱存,兄弟无故,一乐也;仰不愧于天,俯不怍于人,二乐也;得天下英才而教育之,三乐也。"(《孟子》)
材料三
　庄子钓于濮水,楚王使大夫二人往先焉,曰:"愿以境内累矣!"庄子持竿不顾,曰:"吾闻楚有神龟,死已三千岁矣,王巾笥而藏之庙堂之上。此龟者,宁其死为留骨而贵乎?宁其生而曳尾于涂中乎?"二大夫曰:"宁生而曳尾于涂中。"庄子曰:"往矣!吾将曳尾于涂中。"(《庄子》)
思考:
　孔子、孟子和庄子三者所追求的快乐有什么不同?在这三者的不同快乐方式中,你更倾向于哪一种?请联系你的人生态度简要说一说。 | 对材料内容进行提示。对课堂进行小结。 | 朗读、翻译、讨论、交流。 | 　本环节旨在学以致用,当堂检测学生的课堂学习情况,实现能力的迁移。本环节结合当下的社会文化生活,提高学生对社会理想与生存姿态的认知水平。拓宽学生的阅读面,促成深度学习,滋养学生的理性精神。 |
| 布置作业 | 以"儒道互补,共向未来"为话题写一篇500字左右的随笔。 | | | 　让读写结合真正落地,进一步巩固、提高、深化学生对儒、道两家思想主张的认知,进行深度学习,训练高阶思维。 |

七、板书设计

中华文明之光

儒家（孔孟）	道家（庄子）
大同社会	小国寡民
群体社会	个人
入世（有为）	出世（无为）
粮店	药店

儒道互补，共向未来

续表

八、教学评价设计
对学生的课堂过程性表现如表格填写、回答问题、小组代表交流等进行师评、学生互评，以鼓励为主，还有指出需要改正的地方。 　　对学生的课堂任务完成情况（课堂表现记分册打分）和作业完成情况进行书面评价（作文批语）。
九、教学反思
1.前五个课时的学习是基础，要扎实。 　　2.制作简单的学历案，提前发给学生试做，有利于把课堂推向深入。 　　3.学生活动设计比较丰富，调动了学生学习的积极性。 　　4.儒、道两家的相关资料补充，给学生的深入学习搭了比较好的梯子。

第五节　如何编写导学案和学历案

教师在备课的过程中，会编制教案、导学案、学历案，这三者之间的区别还是比较明显的：教案侧重解决"怎么教"的问题，导学案侧重解决"怎么学"的问题，学历案侧重解决"何以学会"的问题。

一、导学案的编写

导学案是指教师依据学生的认知水平、知识经验，为指导学生进行主动的知识建构而编制的学习方案。导学案实质上是教师用以帮助学生掌握教材内容，沟通"学"与"教"的桥梁，也是培养学生自主学习和建构知识能力的一种重要媒介。导学案为学生提供自学的程序、路径与方法，具有"导读、导听、导思、导做"的作用。

导学案一般包括两个内容：一是给学生用的学案，即学习内容的设计；二是教师用的导案，它侧重于指导学生如何学，主要围绕学案中"问题讨论"或教材的重点、难点进行课堂教学设计。

导学案的要求包括以下几点：一是理清教与学的关系，创造各种条件，营造自学氛围，给学生更多的自学、自问、自探、自做、自练的机会与方法，以体现学生学习的主体地位；二是引导学生独立思考，在实践中逐步实现"学会"与"会学"的统一，实现学科教学的知识体系和学科学习方式方法的统一；三是导学案设计要有层次性和个性化，要充分考虑和适应不同层次学生的实际能力和知识水平，使导学案有较大的弹性和适应性。

导学案的项目有学习目标（或学习任务）、重难点分析、学法指导、学习环节、同步练习、自我测评、小结等。导学案可以细分为预习案、课堂案、巩固案三个部分。

二、学历案的编写

学历案是近年来教学研究的新成果。学历案是关于学习经历或过程的方案，一般指教师在班级教学情景下，围绕某一具体学习单位的主题、课文或单元，从期望学会什么出发，设计并展示学生何以学会的过程，以便学生自主建构或社会建构经验、知识的专业方案。学历案旨在帮助学生更好地"在（投入）学习"，经历"真学习"，以实现何以学会（教学的价值）。它是教师收集学习信息的依据，是教师把握学生经验、有效实施教学的手段。

华东师范大学课程与教学研究所崔允漷教授认为学历案的要素与结构如下表：

	要素与关键问题	回答提示
1	——学习主题与课时 在多少时间内学习什么	（1）内容：课文或主题或单元；来自何处？知识地位？ （2）时间：2—6 课时，依据目标、教材、学情确定。

续表

	要素与关键问题	回答提示
2	——学习目标 期望学生学会什么	(1)依据:课程标准、教材、学情、资源等。 (2)目标:3—5 条;可观察、可测量、可评价;每条指向学科关键能力或素养;相互之间有关联;三维叙写;可分解成具体任务或指标;至少三分之二的学生能完成。
3	——评价任务 如何知道学生是否学会	(1)要求:包括情境、知识点、任务;学生完成此任务后的表现与上述的任务或指标一致。 (2)评价与目标无须一一对应。
4	——学习过程 经历什么过程才能学会	(1)学法建议:达成目标的资源、路径、前备知识提示。 (2)课前预习:定时间,有任务。 (3)课中学习:学习的进阶(递进或拓展);评价任务的嵌入;体现学生自主建构或社会建构的真实过程。
5	——作业与练习 如何巩固已学会的东西	(1)要求:包括课前、课中与课后作业,整体设计作业;论述或综合题要包括情境、知识点(可多个)与任务。 (2)明确功能:检测题、巩固题与提高题。
6	——学后反思 反思自己是如何学会的	引导学生思考梳理已学知识、梳理学习策略、诊断自身问题、报告求助信息……

　　可见,学历案是由教师设计的,用来规范或引导学生学习的文本,是为记录学生学习过程及表现的一种认知地图,是可以重复使用的学习档案。

示例:

《阿房宫赋》学历案(学生版)

【学习主题】部编版高中语文必修下册第 8 单元第 16 课《阿房

宫赋》

【学习课时】2课时

【课标要求】

选择中国文化史上不同时期、不同类型的一些代表性作品进行精读,体会其精神内涵、审美追求和文化价值。在特定的社会文化场景中考察传统文化经典作品,以客观、科学、礼敬的态度认识作品对中国文化发展的贡献。梳理所学作品中常见的文言实词、虚词、特殊句式和文化常识,注意古今语言的异同。学习传统文化经典作品的表达艺术,提高自己的写作水平。

【学习目标】

1.了解杜牧生平,积累并掌握文中的古今异义词,在理解文意的基础上背诵全篇。

2.朗诵课文,感受赋的文体特色,体会作者灌注其中的感情和气势。

3.总结作者的观点,梳理论述思路,思考作者撰文反思历史的现实针对性,领会作者身上具有家国天下的情怀。

【评价任务】

1.通过前备知识提示、课前预习和环节一自学反馈,了解杜牧及其生平,明确作品背景,初步指向目标1。

2.通过环节二,群学探究,梳理文意,完成目标1。

3.通过环节三,对文本细致探究,交流展示,学习本文用字之妙,感受赋的文体特色,体会作者灌注其中的感情和气势,完成目标2。

4.通过环节四,拓展延伸、体悟升华,总结作者的观点,梳理论述思路,思考作者撰文反思历史的现实针对性,领会作者身上具有家国天下的情怀,完成目标3。

5.通过环节五、环节六,巩固本课所学内容。

【资源建议】借助《中学生古汉语常用字字典》和课下注释初步理解大意。

【学法指导】赏读法、合作探究法等。

【学习过程】

前备知识提示

知人论世:了解杜牧,了解背景,赋等文学常识补充。

课前预习(查找资料)

1.了解杜牧生平及杜牧所处的时代背景。

2.读准字音,读准节奏,反复朗读这篇古文。

3.结合课下注释对文章大意进行梳理,基本了解文章内容。

课中学习

环节一:自学反馈　检测预习

古今异义词、词类活用、一词多义、文言虚词、特殊文言句式等知识重点检测。

环节二:群学探究　梳理文意

环节三:交流展示　体悟内涵

(一)分析第一段

1.第一段主要写了什么内容? 本段是从哪几个角度来描写阿房宫建筑的? 本段运用了哪些修辞手法? 请结合具体语段进行分析。

2.陆参《长城赋》的开篇写道:"千城绝,长城列。秦民竭,秦君灭。"与《阿房宫赋》的开篇有哪些共同点?

3.作者是如何描写阿房宫的规模和建筑特点的?

(二)分析第二段

第二段主要写了什么内容? 从哪几个角度来描写统治者生活

的? 运用了哪些艺术手法?

(三)分析第三段

分析第三段的内容及层次。思考:阿房宫是如何毁灭的? 警示意义何在? 从第三段文字中找出秦朝灭亡的原因。

(四)分析第四段

"呜呼"一词用在段首有什么作用? 表现了作者怎样的感情? "呜呼"之后的两句话说出了一个什么道? "嗟乎"后用假设语气要说明什么? 作者认为六国与秦灭亡的原因是什么? 作者总结了六国和秦灭亡的历史教训,其写作目的是什么?

环节四:拓展延伸　体悟升华

1.结合赋的特点,探究《阿房宫赋》的写作特色、现实针对性及杜牧的家国情怀。

2.秦始皇修建了雄伟瑰丽的阿房宫,但是尚未完成就被项羽一把火烧掉。对于项羽该不该烧掉阿房宫,众说纷纭,请谈谈你的观点。

环节五:课堂小结　归纳文意

环节六:课堂检测　布置作业

1.课堂检测(略)

2.布置作业:整合本课的文言知识,做好积累卡片;背会全文。

【学后反思】

1.课堂困惑(略)

2.课堂建议(略)

第三讲　课堂教学篇:中学语文教师专业发展的主阵地

第一节　什么是"好课"

上课是一线教师的日常工作,也是最重要的工作。上好课是教师自身的要求,是学校的要求,也是社会和国家的要求。什么是"好课"呢?

一、专家眼中的好课

著名教育学者叶澜教授提出"五实"好课观,她认为"好课"应是有意义的课,即扎实的课;有效率的课,即充实的课;有生成性的课,即丰实的课;常态下的课,即平实的课;有待完善的课,即真实的课。

华东师范大学教授崔允漷用 12 个字概括"好课",即"教得有效、学得愉快、考得满意"。

全国著名语文特级教师余映潮认为:所谓"好课",就阅读教学而言,就是充分利用课文、学生活动充分、课堂积累丰富的课。

…………

专家总结出的好课的标准,可以规范一线教师的教学,可以给一线教师指明努力的方向。

二、评委眼里的好课

一线教师在成长的过程中,不可避免地要参加学校、县级、市级、省级甚至国家级的各类活动,在这些活动中,评委眼里的好课是什么样的呢?

(一)赛课中"好课"的评价标准

一堂大赛课的好课标准到底是什么?我认为至少包括以下六个方面:

1.教学目标:全面、具体、适宜,以促进学生的发展为根本宗旨。

温馨提示:给评委老师发简案,太详细就会缺少期待,但教学目标等一定要清晰,让评委知道你要干什么。

示例一:某省高中语文教师课堂大赛一等奖《将进酒》的教学目标

(1)掌握通过诵读来鉴赏诗歌的方法。

(2)分析人物形象,体会作者感情。

(3)试背课文。

示例二:全国优秀语文教师文学课堂展评优质课一等奖《林黛玉进贾府》的教学目标

知识与能力:学会品味语言,学习点评式读书法,强化不动笔墨不读书的习惯。

过程与方法:细读文本,学会创造性的阅读。

情感、态度与价值观:培养学生质疑精神,增强独立思考能力。

示例三:某县青年教师课堂大赛一等奖《谏太宗十思疏》的教学目标

语言建构与运用:学生掌握文中重要实词和虚词的意义及用法,进一步积累文言基础知识;熟读课文,争取背诵。

思维发展与提升:学生结合"十思"的内涵,认识"十思"的现实意义;学习如何表达理性的声音。

审美鉴赏与创造:学生学习魏征循循善诱、逐层深入的劝谏艺术。

文化传承与理解:学生领悟古人心系天下的担当意识。

2. 教学内容:科学合理,迁移但不超标,拓展但不超纲。

面对具体的文本和文体,要知道哪些内容是必须学习的,比如语言表达形式,它是语文学科和其他学科的本质区别。而不同的文体,在共性的基础上又有体现文体特质的不同的教学内容:散文有个性化的内容、个性化的语言、个性化的情感、个性化的技巧;诗歌有情感之美、内容(含意象)之美、语言(含韵律)之美和节奏之美;小说有主题的深刻之美和表达主题(人物、情节、环境等)的技巧之美。议论文有论点、论据、论证三个要素。说明文有说明对象、说明顺序、说明方法、说明语言四个方面。文言文有"言"(字、词、句)和"文"(文章、文学、文化)两大方面。教学内容选择不正确,文本解读再有深度、再有新意,也是"泛语文"甚至"非语文"。准确选择教学内容,体现了一个教师的能力,是教师学科意识的核心环节。

温馨提示:大赛课如果自选课文的话,建议选文言文和古代诗歌阅读教学,比较容易出成绩。

3. 教学过程:师生互动,动态生成。

(1)教学环节清晰、教学结构紧凑,课型功能体现充分。

一般阅读课环节:导入—整体把握—局部细品—拓展运用—课堂小结—布置作业。

不同课型有不同的环节设置,如《归园田居》:

激趣导课,揭课题—介绍背景,知诗人—自主学习,明诗意—

想象诵读,品诗境—意逆融通,悟情意—迁移运用,有所得。

目前比较流行的教学环节设置:活动一—活动二—活动三或者任务一—任务二—任务三等。

教学过程中几个需要厘清的问题:

关于教学模式:教师教学规范阶段,须有个教学模式;成熟阶段不必拘泥。

关于主问题的设置,设置得好,可以一句话提挈全文。如"为什么说祥林嫂是一个没有春天的女人"这个问题,就串起了《祝福》的整个阅读品析过程,串起了对小说中人物、情节、结构、语言等内容的探究欣赏,此主问题设计可谓"牵一发而动全身"的提问设计。

关于话题的设置,《劝学》中学习比喻论证时的话题是"文中这一处设喻最妙",有效避免了碎问碎答,让学生有充分的语言实践时间,体现了课堂生成。

(2)课堂组织灵活有序,注重营造良好的学习氛围,师生要互动、关系要融洽。

活动设计要用心:可设计诵读、思考、讨论、探究、分享、拓展等活动。

(3)对学生学习状况进行准确、及时的评价,评价方式灵活多样,重视有效激励。

评价语"真棒"未必棒,教师不能失语,不能变成一个传递话筒的人。教师应该发出心灵之声、智慧之声、启蒙之声。讲课者不时有醍醐灌顶之评价语,让学生茅塞顿开,让学生领略教师的睿智、才华和风采。

4.教学策略与方法:学生自主、合作和探究性学习。

教学方法要灵活,要注重学法指导,促进学生的过程体验和学习活动有效开展。可恰当使用讨论法、诵读法、比较法、对话法、探究法、扩写改写法、暗示教学法、情境激励法、活动教学法等常用教学方法。

5.教学效果:知识与能力同步发展,认知与情感和谐发展。

课堂教学中学生学习效果的评价最终定位于四个方面的学习目标的达成:知识目标——学会了吗? 能力目标——会学了吗? 情感目标——学得有情趣吗? 核心素养目标——素养提升了吗?

6.教师素质:包括教学能力、教学思维等。

仪态要雅:青春有朝气;礼貌有修养;端庄有气质;肢体语言有度。

眼光要活:友好不冷漠;淡定不怯场;大方不躲闪;机灵不定向。

说话要美:语音清晰;语气亲切;语调顿挫;语流顺畅;语速适中;音量适当;说话脱稿;无口头禅。

写字要巧:刚劲有力;端庄美观;楷书或行书写字;不写错;板书字符少,布局巧。

组织要强:引入快;评价准;应对活;效果好。

(二)大赛课(各类公开课)几个争论的问题

问题一:好课需常态还是表演?

如果我们以常态课的形式上一节大赛课,能得好的名次吗? 教师特别是不远千里去外地听大赛课的教师愿意坐着听吗?

我的理解:有人认为观摩课、大赛课是表演、作秀;甚至有的语文大咖公然说从现在开始,自己拒绝上任何形式的公开课。我认为凡是观摩课、大赛课都有表演的性质,这是客观存在的。手拿麦克风的执教者,后面有一个团队,在上课前,经过了排练。这是很正常的现象。要观摩,就要看这节课中体现了多少先进的教学理念,使用了多少值得借鉴的好的教学方法,对文本的解读有什么独到之处,对学生的评价有什么可借鉴之处。只要一课一得就可以了,不要过分要求观摩课可以直接让听课教师复制。观摩课与常态课有很大的差距,不能从它是否能复制去考量。如果每节课都费尽心机、处心积虑,我想用不了多久,教师们就会一个个累死在讲台上。在肯定观摩课这一形式须保留的时候,并不意味着对它不需要审视。观摩课看不出表演的痕迹,是最高境界。

好课的不可重复性实属正常现象。教育一定有明确的指向,有既定的教育目标。具体到每堂课,一定有这堂课的具体目标。从严谨的角度来说,每堂课的教育目标由五个"这一"组成:"这一"内容(文本)在"这一"单元面对"这一"学生群体在"这一"阶段的独特价值,就是"这一"课堂的目标。五个"这一",表明教学目标的特殊性或者唯一性。它表明"这一课堂"是不可或缺的,又表明"这一课堂"是不可重复的,不要奢求一节"好的大赛课"可以放之四海而皆准,这是教学常识。

问题二:好课是技术还是艺术?

我的理解:教学首先是一项技术,然后才能在此基础上磨炼成一项艺术。只有掌握了熟练的教学方法,拥有充足的知识储备,灵活掌握了各种教学模式,才能做到游刃有余,达到至高至纯至美的艺术境界。就拿教学模式的运用来说,对新教师来讲,教学模式有迅速规范新教师教学行为的作用,这是技术阶段;但对经验丰富的教师来讲,可能会限制教师和学生的灵动生成,所以有人说"无模之模,乃为至模",这大概就是艺术阶段。

问题三:好课是重预设的还是重生成的?

我的理解:一定要预设,一定要有一个好的底本,一定要有一个好的教学设计。大赛课在上前是精心策划的,被多次讨论、反复推敲、反复修改过的,团队教师甚至对服装、音调、语速都会提出自己的看法。整个备课组或语文组是幕后导演,是磨课的参与者,这也实属正常。

一份条理分明的教案,每个环节、每项内容都是预设好的,但当执教者面临一群随机调来、从没见过面的孩子时,冒险就开始了。他们的品性、认识能力、知识水平,执教者都不清楚,这就是挑战,是大赛课的魅力所在。预设好的问题,要么学生没领会,要么学生木讷,这让教师很尴尬,有的教师会有第二、第三方案,就能体现教师的智慧。学生忽然有了意想不到的回答,或者是有了新问题、新收获,如果有这样新的生成,那就要给执教者点赞了。

问题四:好课是教师多说还是学生多说?

我的理解:通常一线教师们会说让学生多说。像我这个年龄的教师,我们经历了忽略学生的满堂灌,一夜之间转变成一问一答的满堂问,我们误以为是民主教学,误以为是以"学生为本",后被多次指出教师说得太多时,就不敢说了。有时为上公开课,我们提前把问题留给学生,让学生在课堂上讨论,交流心得,教师处于失语状态,这是极其不合适的。其实,我认为教师就要比学生高明,该说时一定要说,有时执教者的一段十分地道的语言,会像宝石一样熠熠生辉,镶嵌在整个教学过程中。这些话会照亮课堂,也会打动听者的灵魂。

当然,好课要能给学生提供自主探索的空间,创设适合学生发展的宽松的学习氛围。课堂上不能只看到教师的聪明才智,更要看到学生的聪明才智。课堂教学既要关注学生的学习结果,更要关注学生在学习过程中的变化与发展,如学生的参与度、学习的自信心培养、合作交流意识的形成、独立思维习惯的养成等。总之,教师一定要有作为,不然学生就会不好好上语文课了。

问题五:好课是重文本还是重拓展?

我的理解：我认为文本研读是功夫，但没拓展就没深度。一定要重文本研读，特别是选择性必修阶段的文本，要读出文本价值，读出文本对学生的价值。拓展也要，不然没有举一反三，没有运用，课的深度、广度就不够。但拓展一定不能变成掉书袋，引用了很多课外的东西，让学生越听越糊涂。

温馨提示：大赛课执教者既要用力又要自然。赛课教师要全身心投入，注意力必须高度集中，思想必须深刻，情感必须饱满，声音必须清晰响亮，不用心用力，就不可能指望有一堂成功的语文课。但用力一旦突破自然，用力过猛就很尴尬。自然包括语言表达的准确性，情感的分寸感，对课文恰如其分的分析，环节之间的顺畅过渡，动作的弧度，等等。拿捏的功夫不好就是矫情，就是拿腔作调、情感夸张，是过于拔高。自然是语文教学的最高美学原则，大赛课也是如此！

三、中学一线教师眼里的好课

有人把课堂教学分为七个层面：负效课堂（5％）、无效课堂（10％）、低效课堂（25％）、有效教学（35％）、高效课堂（10％）、优质课堂（10％）、魅力课堂（5％）。一线教师眼中的好课就是有效教学层面以上的课堂。

一线教师眼中"家常课"的好课标准：目标明确，内容丰富，知识准确无误；重点突出，难点把握得当；难度适中，层次分明；详略得当，教学过程流畅；语言生动，教态自然大方；板书工整，多媒体教学安排设计合理；教学时间把握准确，有弹性；着装典雅。简单说就是：看目标是否适切，看内容是否丰富，看过程是否合理，看方法是否得当，看结果是否有效。

什么是"好课"？千百遍的回答，可能没有同样的答案。好课仅是相对而言，因人、因时、因地、因课型的不同，好课可能会有不同的表现。在我看来,好课之好,好在教学目标有机融合;好课之好,好在情境创设指向合理;好课之好,好在教师引导作用明显;好课之好,好在学生得到充分发展;好课之好,好在双基训练扎实有效;好课之好,好在情感交流渠道畅通;好课之好,好在教学过程富有逻辑;好课之好,好在核心素养自然提升……

第二节　如何上出"好课"

一线语文教师如何上出好课呢?我认为离不开"自主研修、同伴互助、专家引领"。

一、"自我研修"视域下如何设计一堂好课

教学设计时主要解决以下三个问题:

教什么?——要到哪里去?即要研读文本、课标,研究学生,设计合适的教学目标。

怎么教?——怎样到那里去?即要设计好教学实施策略和流程,用好教学资源,完成教学任务。

教得怎么样?——是否到了那里?即要反思课堂,对课堂进行科学评价,再次修改提升教学设计。

教学设计的一般流程:

第一步:分析,主要指学习需求分析,包括学习内容分析、学习者分析等。

第二步:设计,主要指教学目标设计、教学策略设计、教学技术设计、教学过程设计等。

第三步:实施,主要指教学方案编制和实施等。

第四步:评价,主要指形成性评价、总结性评价等。

进行教学设计时要考虑以下问题:

这节课的目标恰当吗? 这节课应该怎样上? 这节课为什么这样上? 这节课还可以怎样上? 这节课的教学"有效"吗? 进行好课教学设计的着眼点是"目标",要考虑是否达成了课程目标;着力点是"教师的教",要考虑教学过程与方法是否科学合理;着地点是"学生的学",要考虑学生是否主动、有效学习。

示例:

《锦瑟》教学设计

【教学分析】

中学课堂的诗歌教学容易出现重解析、少审美的问题。诗歌教学,应当成为一个感受美(诗的意境和情感)、鉴赏美(诗的内容和形式)、内化美(美的体验和个性)、创造美(美的思想和行动)的过程。我主张让"审美"成为诗歌鉴赏和教学的主旋律。

《锦瑟》为选择性必修中册的诵读篇目。此前,学生领略了李白豪放飘逸的崇高美,也体会了杜甫沉郁顿挫的悲壮美。晚唐李商隐的诗歌所形成的感伤美在盛世繁响中特立独行,其诗有清新之境,且有朦胧之美。他开拓了一个全新的艺术表现领域:非逻辑的、跳跃的意象组合;朦胧情思和朦胧境界的创造;把诗境虚化。《锦瑟》作为代表作,极能代表李诗的这些特点。

历来对《锦瑟》这首诗的鉴赏颇多,但总不能完全解透。本诗是诵读篇目,重点在诵读,但仅仅诵读势必造成资源浪费。所以学习本诗,要注重掌握鉴赏诗歌方法、多角度探究诗歌主旨、培养阅读古诗兴趣,要注重学生独立思考能力的培养,要努力在文学的熏陶中养成学生良好的审美情趣。

【教学目标】

语言建构与运用：了解李商隐的生平和艺术创作特点，训练学生诵读诗的能力，背诵全诗。

思维发展与提升：分析本诗主旨的多种解法，体会李商隐的诗歌意境高远、语言华美、情深意浓的特点。

审美鉴赏与创造：把握诗歌哀怨的感情基调和朦胧迷离的艺术境界；培养学生感受美、欣赏美的能力。

文化传承与理解：体会诗歌中通过用典、意象等寄托诗人情感的传统；品味诗人独特的人生际遇，培养学生对李商隐的诗歌乃至古典诗歌的喜爱。

【教学重点】训练学生诵读诗的能力，体会李商隐的诗歌意境高远、语言华美、情深意浓的特点。

【教学难点】理解李商隐的诗歌主旨的多种解法。

【教学方法】研读法、讨论法、探究法。

【教学时数】一课时。

【教学过程】

一、导入

课前我们欣赏了根据李商隐的诗歌《无题》谱写的歌曲《相见时难别亦难》。那舒缓悠长的旋律，让我们听出了感伤。今天，我们一起来学习李商隐的另外一首诗——《锦瑟》，看看《锦瑟》写了什么，又带给我们什么感受。下面请同学们齐读这首诗。

二、读课文，明诗意

活动一：读准字音，读清节奏。

活动二：诵读赏析首联和尾联的内容。

思考：这首诗题为"锦瑟"，是不是像《咏柳》一样是一首咏锦瑟的咏物诗呢？这首诗到底是写什么的？请你从诗歌中提炼出几个最能表达作者思想感情的关键字或词,并通过诵读赏析首联、尾联。

明确:思华年,成追忆,已惘然。赏析首联、尾联(略)。诵读提示:节奏要慢,带上伤感、哀伤迷惘的感情。

三、品诗境,悟诗情

活动一:王渔洋有"一篇《锦瑟》解人难"之叹。一首《锦瑟》诗,一道千古谜,历来莫衷一是。但难解,并不是无解,今天这节课,我们的主要任务就是再次做这个前人已经做过多次的解谜活动:"此情可待成追忆"的"此情"到底是什么情呢? 解谜的关键是颔联和颈联。请同学们写200字左右的赏析文字。

活动二:交流本诗颔联和颈联描写的诗境、抒发的情感。

教师示范赏析颔联的上句:"庄生晓梦迷蝴蝶"用了"庄周梦蝶"的典故,创造了具有象征意味的意象——蝴蝶。这个典故说明梦中乐趣或人生变化无常,隐含着李商隐对自己命运变化莫测、难以把握的悲剧感。句中的"晓梦"是指拂晓的梦,拂晓的梦短暂而迷离,恍恍惚惚,朦朦胧胧。"迷"字,是"迷失""迷惑""迷惘"之意。这个典故告诉我们看待人生的一个基本态度——人生如梦,也可以理解为回忆让往事既美好又如烟似梦。本句给我们营造了一个朦胧、凄迷、美丽的意境。这就是老师读此联的感受。那么,我们来总结一下我是怎样品诗境、悟诗情的。先把典故解释一下,从意象和画面入手:这句诗中涉及什么意象,形成一幅怎样的画面? 这句诗是否触动了你的心弦? 结合自己的经历和生活经验,选你体会最深的一句说说,长短不限。

学生静读赏析后交流。(略)

教师明确:中间四句给我们营造了一个朦胧凄美的意境,让我们带着朦胧凄美的感受来读这四句。中间四句怅惘、悲伤之情融在意象中,但这个事物不是衰草、扫把,而是给我们美的感受的事物。好,一起读出这四句的美丽伤感来。注意表意象的词要重读,还要想到意象之美。

四、探主旨,感受美

全诗赏析完了,我们大概可以感受到这是一首回忆往事的诗歌,感情基调是哀伤迷惘的,营造的意境给我们朦胧凄美的感觉,那么"此情"究竟表达了哪一种具体的情感? 或者说,这首诗的主旨到底是什么?

《锦瑟》意旨的常见观点:

1. 作者的身世自伤。(自伤身世说)

2. 思念而不能相聚的痛苦。(恋情说)

3. 对亡妻的深情悼念。(悼亡说)

你同意哪种说法? 请结合背景,结合原诗,说说你的看法,能自圆其说即可。

小组交流一下,推选一个同学给大家读一读。

学生交流。

示例一:这首诗是诗人晚年回顾平生遭际、抒写身世之感的篇章。(具体内容略)

示例二:这是一首抒写爱情的诗。(具体内容略)

示例三:这是一首悼亡诗(教师倾向于悼亡诗的说法)。(具体内容略)

教师课堂小结:我们试图给维纳斯添断臂,各种解都有局限,都限制了想象。其实残缺何尝不是美呢? 支持悼亡说只是我的看法,你可以不同意。其实《锦瑟》无解是最好的解! 大学者梁启超说:"义山的《锦瑟》等诗,讲的什么事,我理会不着。拆开一句一句叫我解释,我连文义也解不出来。但我觉得它美,读起来令我精神上得一种新鲜的愉快。须知美是多方面的，美是含有神秘性的。"

师生合作，再读全诗，要求运出丹田之气，不要轻易发出第一个字，因为《锦瑟》每一个音符都需要情感的凝结。

结束语：这节课我们用心学习了李商隐的一首诗，一首伤隐的诗(圈出"伤隐"两字)，一首陷入朦胧晦涩而又妇孺皆知的诗，希望你喜欢，希望你常读常新。

五、布置作业

《红楼梦》中宝玉对黛玉诉肺腑后，二人感情笃定。假设黛玉题帕，会送《锦瑟》的哪一联给宝玉？并说明理由。

【板书设计】

锦　瑟 ——— 哀伤迷惘的感情
　　　　——— 朦胧凄美的意境
李商隐 ——— 隐晦多解的主题
（伤隐）

总之，针对每一节"好课"进行教学设计时，应该做到：精心处理教材，设计独具匠心；体现课程理念，过程流畅自然；激发学生情趣，课堂活泼有序；展示教师素质，体现教学艺术。

二、"同伴互助"视域下如何"磨"出一堂好课

怎样上出好课来？同伴互助下的磨课是有力保障。

(一)好课是磨出来的

磨课是一种最实在、最有效地促进教师成长的活动；是研究教学、改进教学的一个载体；是一个接受新理念、提升自我教学能力以及锤炼课堂艺术的好时机；是一个充分展示自我和锻炼成长的好机会。磨课为教师提供了一个相互交流的平台。

(二)磨课怎样才能发挥团体智慧

1.个人初备时,一定要学习研究课程标准、教材、教参以及其他相关资料,要抓住教学重点、难点、关键点。同时教师还要摸清学生情况。初备时每位教师要尽力提出自己独到的设计方案,以便共享资源。

2.集体磨课,修正教案(教学设计)。集体磨课要确定一个中心发言人(最好是备课组内此次有公开课任务的老师),要多让青年教师担任中心发言人,促使他们广泛收集材料,大胆钻研业务。在磨课中,先由中心发言人说课,然后教师们共同探讨、相互补充,使得教案内容更加充实、完善。

3.形成个性教案。虽然推行了集体备课,但教案千万不能千篇一律,否则既没有创新精神,又不符合各个教师的个性特点和各个班级的实际情况。因此,磨课后,教师还要根据自己的个性特点,形成自己的个性教案。

4.课后交流。经过备课组研讨过的教案是否可行,还要跟踪听课进行检验,以便得到总结提高。备课组成员之间要相互听课,以便取长补短,完善自己。最好中心发言人先上,别的教师听课评课后再上。

5.总结反思。所有人上完课(公开课、参赛课、研讨课),备课组还要进行交流,对教学进行反思,肯定优点,指出不足,以此来扬长避短,促进今后教学的进一步开展。

(三)"好课多磨"的9个内容

1.磨课程标准

课程标准是教学的圭臬,是教材编写、教学、评估和考试命题的依据,是国家管理和评价课程的基础。好课是千锤百炼磨出来的,要磨好课,最基本也最重要的一环是磨好课程标准。初中语文教师要反复研读《义务教育语文课程标准(2022 年版)》,高中语文教师要反复研读《普通高中语文课程标准(2017 年版 2020 年修订)》,高中语文教师还要牢牢把握四个核心素养及其关系并在教学实践中着力落实。

2. 磨教学目标

教学目标即教学要达成的目标,是师生在教学中预期达到的学习结果。它是教学活动的出发点和最终归宿,规定着教学活动实施的基本方向,是课堂教学的灵魂。从这个角度看,确立具体合理的教学目标是实现教学最优化的重要前提和基础。

3. 磨学习目标

学习目标是对学习者通过学习之后将能做什么的一种明确、具体的表述;是教师站在学生的立场上,将多元化的教学目标综合转化为站在学生的角度理解的学习目标,使学生明确自己的学习任务。有了明确、具体、切实可行的学习目标,学生才能有序、有方向地进行学习。

学习目标的制定要注意以下问题:要以学生为主体,避免指向错误。学习目标表述的主体应该是学生,它检验、评价学生的学习效果有没有达到要求,而不是评价教师有没有完成某一项工作,所以其行为主体是学生而不是教师。实际教学中,许多教师却把教学行为目标与学生实际的学习目标混为一谈,如"培养学生_____""交给学生_____",隐含的行为主体很明显是教师,偏离了以学生为主体的目标,出现了指向错误。学习目标要体现三个维度(知识与能力,过程与方法,情感、态度与价值观)和四个核心素养(语言建构与运用、思维发展与提升、审美鉴赏与创造、文化传承与理解),要具有可检测性、可操作性。

4.磨教学方法

教学方法是指教师为完成教学目标和教学任务所采用的工作方法。运用教学方法根本目的是引导学生进行有效学习和学会学习。

深刻领会以学生发展为本的教育理念,根据学生已有的知识水平、能力高低,以及不同的兴趣、爱好,选择相适应的教学方法。新课程倡导使用互动探究式、合作讨论式的教学方法,在教学实践中,教师应继承和完善传统的教学方法,并大胆探索适合自己学科的教学方法。要依据教学任务、教学内容选择教学方法,要依据教师本身的素质以及学生的特点选择教学方法。教学方法包括语言性教学方法(如讲授法、谈话法、读书指导法)、直观性教学方法(如演示法、参观法)、实践性教学方法(如实验法、练习法、实习作业法)、研究性教学方法(如讨论法、发现法)等等。各种教学方法都有优劣,别把四人小组合作学习法一棍子打死。

5.磨重点、难点

重点、难点要根据教学目标、教学内容和学生的具体情况科学合理地确定。

6.磨教学对象

一要了解学生。要考虑学生的年龄特征,熟悉学生身心发展的特点;要了解班级情况,如班风、学风等;要了解每个学生的思想状况、知识基础、学习态度和学习习惯。在了解学生的基础上,预测他们在学习中可能出现的问题,拟定相应的教学措施,以使教学过程和谐融洽,保证学生顺利步入知识的殿堂,体验成功的快乐。二要分析学生(语文教师带两个班,不同的班上的课不可能完全一样)。分析学生包括分析学生的理解能力、接受能力、兴趣点、最近发展区、思维方式以及思维的广度和深度等等,以便采取相应的对策服务于教学。磨课时要把磨学生与磨教材结合起来，教师在进行教学时，就能根据实际情况选择合适的教学方法，让学生轻松、主动地投入到学习活动中，寓教于乐，提高课堂效率。磨教学对象要注意遵循主体性原则、差异性原则、发展性原则。

7. 磨教学流程

教学流程即教学的程序和步骤。在磨课中要注意以下几点：

（1）要写出教学流程的总体结构设计，整体设计科学、新颖。如：课堂怎么导；授课内容分几个环节，各环节需要落实怎样的学习任务，每个学习任务的落实需要设计怎样的具体教学活动，各教学环节之间如何过渡；如何小结；如何进行教学评价；时间怎样分配……这些都需要在磨课中反复斟酌和打磨。

（2）教学流程的设计要充分体现新课程理念。教师的主导作用与学生的主体活动和谐统一，教法与学法和谐统一，知识传授和智能开发和谐统一。

（3）课堂教学中要凸显对教学重点和难点的细节处理，解决重难点具体运用的教学方法和教学手段要恰当；要注重师生互动，尊重学生的个性差异；要注重学生自主、合作、探究能力的培养，让学生创新的火花装点出亮丽的课堂风景。

（4）巩固练习要关注个体差异，要有实践性、层次性、可操作性、可生成性，教学目标有较高的达成度。

（5）课堂小结要提纲挈领，突出本节课的重点、教学思路、情感目标的渗透和升华。

（6）课后作业的设置具有巩固性、适量性、层次性、落实性。

8. 磨课堂小结

课堂小结，是前后知识纵横联系的必要阶段，更是对一节课所学知识的系统归纳和总结。对教师而言，它是对"教"的一种回顾；

对学生而言,它是对"学"的一种深化。常见的课堂小结一般有六种:知识网络式小结、问题延展式小结、语言概括式小结、余音绕梁式小结、巧设悬念式小结、灵活开放式小结。

9.磨板书设计(不能没有)

板书在使用过程中应遵循四项原则——科学性、直观性、实用性、简约性。板书无论采取何种样式,教师的书法美、板书章法排版的理性美、文图展示的艺术美,都应该在设计中予以高度重视。

(四)磨课的注意事项

1.磨课的过程一定不能走走样子,特别是青年教师一定要把握好磨课这一学习机会。

2.每个现代文教学单元建议磨一篇重点课文。每个古诗文单元建议磨两篇课文(最好是讲读课),其他课触类旁通。

3.备课组要分工合作,这样可以省时省力。比如高一必修有上、下两册书,各8个单元,备课组如果有4个人,每人负责主备2个单元。除此以外,一学期内每人主备至少一节作文课,备课组一起磨课。

4.要认真积累磨课的课例,用来指导以后的教学工作。

示例:

优化小说阅读活动设计,提高小说课堂教学质效

——《边城》"磨课"三境界

摘要:学习本课,我们要跳出传统教学方案那样面面俱到的窠臼,从课文的几个关键教学点入手,设计具有小说特色的阅读活动,对教学内容做出大胆的取舍,并且依据适当的教学目标和2017年新课程标准对小说阅读活动设计进行优化。因此,本课的教学既要求我们对之前所掌握的小说的相关知识与能力进行回顾、巩

固,也要求学生在把握情节、探究主题的能力上有所突破;还要适应新教材的教学要求,从多个角度欣赏作品,获得审美体验,认识作品的美学价值,发现作者独特的艺术创造。

本案例以《边城(节选)》(选择性必修下)的教学为素材,通过笔者对《边城(节选)》的三次不同教学设计思路的变化,记录了作为高中语文教师的笔者和所在备课组对《边城(节选)》阅读教学活动设计的磨合过程、反思过程与认识过程,并最终形成了以发现为主线、以学生为主体、以学生终身发展为目的的教学设计。本次磨课案例一方面可以为高中语文教师教学小说设计阅读活动提供有效借鉴,另一方面可以为高中语文教师有效设计小说阅读课堂教学活动提供"过程"参考。

关键词:《边城(节选)》;磨课优化;阅读活动设计;提高课堂质效

背景信息(略)

案例正文

一、教师对《边城(节选)》阅读教学的初次教学设计:小说阅读教学的一般活动设计

(一)初次教学设计

教学目标

知识与能力目标:赏析品味边城原始淳朴的风景美、风俗美、人性美。

过程与方法目标:泛读与精读相结合,培养学生整合阅读信息的能力;品读鉴赏与讨论分析相结合,帮助学生形成自己对作品的理解。

情感、态度与价值观目标:引导学生走进作者构筑的善与美的

理想世界,理解"边城"的文化内涵,探究作品所要表现的主题。

课时:1课时

初次教学过程:

第一步:新课导入。"边城"为沈从文的故乡——凤凰古城。展示湘西风光图片,引出"风景美",并找出小说中相应描写风景美的句子朗读。

第二步:通过速读课文,筛选信息,找出描写"边城一年中最热闹的日子"的句子,欣赏风俗美。

第三步:通过合作探究学习,突破重难点,体会人性美。

1.提问:作者说这篇小说是要"为人类'爱'字作一度恰如其分的说明",那么,课文节选的内容主要写了哪些爱呢?

2.请同学们品读课文4—6节,画出表现这三种爱的相关语句。

3.从哪些语句可以看出翠翠对傩送有朦胧的爱?

第四步:拓展深化,探讨主题。

沈从文想通过边城这些美丽的人和事,告诉我们什么呢?也就是说,这篇小说的主题是什么呢?

(二)初次教学反思

应该说初次教学设计目标还是合适的,设计思路也是清晰的,重难点也做了突出,为此,本节课设计了三个活动:一是找出"风景美"的句子朗读;二是通过速读课文,筛选信息,找出描写"边城一年中最热闹的日子"的句子,欣赏风俗美;三是通过合作探究学习,体会"这篇小说是要"为人类'爱'字作一度恰如其分的说明"这句话的内涵,突破重难点,体会人性美。但是问题是显而易见的,比如:本课文有8000多字,用一节课时间完成,无论是速读课文还是精读片段,都有蜻蜓点水、流于形式之嫌;对活动的设计及表述都需要斟酌;所设计活动的小说特色还需要彰显;没有关注本课是自读课文;没有作业设计;等等。

笔者认真听取了备课组第一次评课的意见和建议,并仔细阅读了相关杂志和书籍,重点领会了余映潮老师对小说阅读活动设计的理论。在此基础上形成了笔者的第二次教学设计,继续探讨小说教学如何通过活动设计,提高课堂教学质效。

二、教师对《边城(节选)》阅读教学改进的教学设计:小说阅读教学的有效活动设计

(一)教师对《边城(节选)》阅读教学改进的教学设计

教学目标:1.概括情节,赏析集"美"与"爱"于一身的翠翠等形象。2.探究作品主题,领会作者的创作意图。

教学重点:品读细节,感受文学之美。

教学难点:探究作品主题,领会作者的创作意图。

教学创意:1.通过小说人物形象、故事情节等把握小说主题。2.采用长文短教,整体局部结合、点面结合的策略。

教学思路:大致分为三个教学板块,即梳理情节、品析人物、探究主题。

时间安排:1课时

教学过程:

第一步　教学铺垫:给学生补充助读资料——作者简介、作品特色、写作背景、《边城》梗概、对作者的评价、重点字词。

第二步　第一次自读活动——速读课文、情节概括。

要求:填空,体会"情节设计巧妙"。

第三章:写今年的端午节,筹备龙舟竞赛。(顺叙)

第四章:写前年的端午节,翠翠巧遇傩送。(倒叙)

第五章:写去年的端午节,翠翠遇到天保。(插叙)

第六章:写今年的端午节,花轿引发情思。(顺叙)

小结:情节设计巧妙。

1.端午节是本文的线索,它串起了边城的人与事,使故事发展脉络清晰。

2.倒叙和插叙的使用,使情节前后照应,结构更严密,使故事更引人入胜。

第三步　第二次自读活动——跳读课文、赏析细节。

要求:

1.跳读25—38段、45—47段、54—64段、79—88段等和"鱼"有关的细节描写语句。

2.按"手法、心理、形象"的顺序做批注,话题"欣赏文学之美"。

示例:

"这里等也不成,到我家里去,到那边点了灯的楼上去,等爷爷来找你好不好?"……"你个悖时砍脑壳的!"运用了语言描写和误会手法,写出了翠翠的羞涩、恐慌心理和单纯、天真、直率的少女形象。

小结:这四处的文学之美。

1.人物形象鲜活可爱。

2.心理描写细致入微。

3.语言风格平实简明。

4.意象使用增强效果。

第四步　第三次自读活动——解说"边城"、探究主题。

要求:

1.精读67—72段。

2.话题:通过品味"笑"字,解说"边城"。

示例:边城民风淳朴,人民淡化功利,人与人之间以诚相待、相互友爱。

小结:

1.边城的人,重义轻利、慷慨大度、宽厚热情、淳朴善良。边城山美、水美、人更美。

2.边城充满"爱",有青年男女之间的爱情、祖孙之间的亲情、邻里之间的互爱。

总之,边城是美与爱构建的理想王国。作者描写的湘西,民风淳朴,人民淡化功利,人与人之间以诚相待,相互友爱。外公对孙女的爱,翠翠对傩送纯真的爱,这些都代表着未受污染的农业文明的传统美德。与之相对应的,就是相对于当时社会,传统美德受到破坏、到处充溢着金钱主义的浅薄庸俗和腐化堕落的现实。

我们可以用三个词概括这篇小说的主题:

赞美:边城生活的质朴、纯真和人与人之间纯洁的爱;

批判:物欲泛滥的现代文明;拜金主义的浅薄庸俗和腐化堕落的现实;

呼吁:重建民族的美好品德和人格。

第五步 作业设计:课外阅读《边城》全文,写一篇读书报告。(二选一)

1.小说结尾写道:"这个人也许永远不回来了,也许明天回来!"这个结尾你怎样理解?

2.小说没有激烈的矛盾冲突,主要以景物、风俗描写为主,具有散文化倾向,探讨一下本文的写作风格。

(二)教师关于《边城(节选)》活动设计的可喜变化及反思

和初次教学设计相比,第二次教学设计的目标更合适、更简洁,设计思路更清晰,重难点更突出。本节课设计的三个活动:第一次自读活动——速读课文、情节概括;第二次自读活动——跳读课文、赏析细节；第三次自读活动——解说"边城"、探究主题。第二次教学设计，跳出了传统教学方案那样面面俱到的窠臼，从课文的几个关键教学点入手，对教学内容做出大胆的取舍，并且依据适当的教学目标进行整合。关注了长文短教的策略；关注了对活动的设计及表述的优化；关注了所设计活动要彰显小说特色的理念；强调了本文的自读课文特征；进行了作业设计；等等。所有这些归功于所在备课组的热烈讨论和改进意见及专家的悉心指导。为了更好地改进教学，笔者还仔细阅读了相关杂志和书籍，重点领会了余映潮老师对小说阅读活动设计的理论：比如小说阅读欣赏的六个角度——纵向品读、专项欣赏、作用揣摩、细节赏析、片段精析、特别技法；比如"板块式"思路、"主问题"设计；比如活动设计五环节，即每次活动有主问题（话题）、有示例、有训练、有交流、有小结。这些活动设计的理论运用使笔者的第二次教学设计有了可喜变化。

虽然第二次教学设计及实施对选择性必修下第二单元的教学要求、单元提示的教学要求做了很好的落实，但是问题还是显而易见的。比如：落实语文核心素养的意识不强，活动设计比较呆板；教师主导比较多，学生的自主学习不够充分；等等。为了解决以上问题，探讨如何通过小说教学活动设计，彰显新课改精神，提高小说阅读课堂教学的质效，笔者进行了第三次教学设计及实施。

三、教师对《边城（节选）》阅读教学最终的教学设计：小说阅读教学活动的优化设计

（一）教师对《边城（节选）》阅读教学最终的教学设计

语言建构与运用：了解作者简介、作品特色、写作背景、《边城》梗概、对作者的评价、重点字词。

思维发展与提升：探究作品主题，领会作者的创作意图。

审美鉴赏与创造:概括情节,从细节描写手法入手,赏析集"美"与"爱"于一身的翠翠等形象;品味作品的语言魅力。

文化传承与理解:领会人物形象的时代意义,加深对中国社会的变革与发展给人的心灵以冲击的理解。

时间安排:1课时

教学过程:

第一步　教学铺垫:给学生补充助读资料——作者简介、作品特色、写作背景、《边城》梗概、对作者的评价、重点字词。

第二步　写作活动:以本课的另一篇小说《阿Q正传》的阅读经验为基础,选一个话题写小短文,然后交流。

话题一:《边城(节选)》情节概析

话题二:《边城(节选)》和"鱼"有关的细节描写赏析

话题三:《边城(节选)》多元主题探究之我见

在提前通读全文的基础上,给学生15分钟时间完成写作,选择学生的短文用10分钟时间在全班交流。

学生交流短文一摘要:端午节是本文的线索,它串起了边城的人与事,使故事发展脉络清晰。第三章写风情背景,人物出场,埋设伏笔。中秋、过年映衬端午节,翠翠对今年的端午节没兴趣,引出前年端午节遇到了傩送。

学生交流短文二摘要:和"鱼"有关的细节描写赏析可以重点关注"人生初见""被送回家""大老送鸭""祖孙话鱼"等片段中反复出现的"大鱼咬你"中对"鱼"细节描写的作用:一则前后照应,使故事情节连贯紧凑;二则在看似简单的重复中推动故事情节发展,翠翠的情感倾向愈加明朗化;三则展示人物性格,体察人物的内心活动,充满了含蓄美。

学生交流短文三摘要:品味"笑"字,解说"边城"。通过最后一部分开篇五处笑的描写,写出了边城民风淳朴,人民淡化功利,人与人之间以诚相待、相互友爱的特点。

第三步　老师小结讲析(三方面的微小型讲座)。

话题一小结:端午节是本文的线索,它串起了边城的人与事,使故事发展脉络清晰。倒叙和插叙的使用,使情节前后照应,结构更严密,使故事更引人入胜。

话题二小结:和鱼有关的四处细节描写的文学之美——人物形象鲜活可爱;心理描写细致入微;语言风格平实简明;意象使用增强效果。

话题三小结:边城的人,重义轻利、慷慨大度、宽厚热情、淳朴善良。边城山美、水美、人更美。边城充满"爱",有青年男女之间的爱情、祖孙之间的亲情、邻里之间的互爱。边城是美与爱构建的理想王国。作者描写的湘西,民风淳朴,人民淡化功利,人与人之间以诚相待、相互友爱。外公对孙女的爱,翠翠对傩送纯真的爱,这些都代表着未受污染的农业文明的传统美德。与之相对应的,就是相对于当时社会,传统美德受到破坏、到处充溢着金钱主义的浅薄庸俗和腐化堕落的现实。由此我们可以用三个词概括这篇小说的主题:赞美、批判、呼吁。赞美:边城生活的质朴、纯真和人与人之间纯洁的爱。批判:物欲泛滥的现代文明;拜金主义的浅薄庸俗和腐化堕落的现实。呼吁:重建民族的美好品德和人格。

当然,《边城》的主题是含蓄多解的:证明人性皆善;展示人性悲剧;建造一个充满自然人性与牧歌情调的世外桃源;揭示边民淳朴的人性下潜藏着的几千年来民族的心灵痼疾——天命迷信思想;从人与自然的和谐相处中寄寓对理想的人生形式的追求;表达一种优美、健康、自然,而又不悖乎人性的人生形式,展示各人应有的一份哀乐;等等。

第四步　作业设计：课外阅读《边城》全文，写一篇读书报告。（二选一）

1. 小说结尾写道："这个人也许永远不回来了，也许明天回来！"这个结尾你怎样理解？

2. 小说没有激烈的矛盾冲突，主要以景物、风俗描写为主，具有散文化倾向，探讨一下本文的写作风格。

（二）教师关于《边城（节选）》优化活动设计的认识：活动设计可以更适合学生，可以更好地体现新课标要求，可以提高小说阅读课堂教学的质效

和前两次教学设计相比，本次教学设计目标体现了新课改、新课标精神，更合理、更简洁；设计思路更清晰、更集中，重难点更突出。为此，本节课给学生的活动设计有三个话题：话题一《边城（节选）》情节概析；话题二《边城（节选）》和"鱼"有关的细节描写赏析；话题三《边城（节选）》多元主题探究之我见。为完成本项学习活动，笔者提前带领学生学习了本课的前一篇讲读课文《阿Q正传》，形成小说阅读活动基本规范，并提前布置作业——通读《边城（节选）》全文。在此基础上，给学生15分钟时间完成写作，各小组选择一个学生的短文，共计用10分钟时间在全班交流。

本次活动的三个话题，学生可以任选一个写小短文，活动设计比较灵活；学生的自主写作交流时间充分，把课堂的主动权充分交给了学生。在此基础上，笔者围绕三个话题做了微小型的讲座，比较合理地处理了长文短教的问题。第三次小说教学活动优化过的设计，彰显了新课改精神，真正提高了小说阅读课堂教学的质效。

四、结束语

在高中语文小说阅读课堂教学过程中，如何贯彻新课标"学习任务群""大单元""大情境"等先进理念，让学生在语言建构与运

用、思维发展与提升、审美鉴赏与创造、文化传承与理解方面培养和形成核心素养,在实际教学过程中提高小说阅读课堂教学的质效,精心设计活动、优化活动设计是一个很好的选择。在设计活动的过程中要注意以下三点:

一是基于学习立场。在初次教学设计中,笔者设计小说阅读学习活动,只是顾及自身教的层面,忽视了学生学的层面,这样就会导致活动没有针对性,抑或为活动而活动。须知语文活动的根本目的,是促进学生的发展。无论是教师的教学活动,还是学生的学习活动,都应围绕这个目的展开。教是为了学,教的活动要着眼于促进学的提升。因而,小说阅读学习活动设计,首先就是要基于学习立场——教学中是否实施语文活动,何时实施语文活动,实施怎样的语文活动,选择个体自学形式还是合作学习形式,都要立足于学习立场来确定。

二是聚焦活动话题。对于确有价值的小说阅读活动设计,要明确活动话题,以便指导学生落实活动,完成任务目标。要精心设计相对聚焦的话题,即深入研讨的核心问题,以便学生能从不同的视角进行探究,进而交流、展示、思辨。若没有相对聚焦的活动话题,即使确立了学习立场,组建了活动小组,进行了科学分工,这样的合作学习也只能是热热闹闹的一盘散沙。因而,围绕同一主题开展活动,是开展小说阅读活动设计的关注点。《边城(节选)》的三次活动设计无论是话题的选择还是表述,还有活动过程五步走的规范操作都是一步一步形成的。

三是切合发展区间。在小说阅读活动实施过程中,要考虑到学习对象的适用性。并非所有的学习活动设计都会对任意一位学生产生正向的增效作用。因此,要先调研掌握基础学情,明确学习者的"近侧发展区间"，进而设计具有"脚手架"功能的语文合作学习活动。值得注意的是，学生的"近侧发展区间"并不是固定不变的，而是动态发展的，因而学情也是不断发展的，这就要求"脚手架"应随之不断提升。只有高度切合学情发展的合作学习，才能有效促进学习者的素能进阶。比如，《边城（节选）》的三次阅读活动设计的学情预设各不相同，要求是逐步提升的。

总之，《边城（节选）》的三次阅读活动设计实施过程充满了艰辛，更充满了乐趣，让我想起了王国维在《人间词话》中说的"古今之成大事业、大学问者，必经过三种之境界"。"昨夜西风凋碧树。独上高楼，望尽天涯路。"此初次设计之感受，即首先应该登高望远，鸟瞰路径，了解概貌；"衣带渐宽终不悔，为伊消得人憔悴。"此第二次设计之感受，即做学问成大事业不是轻而易举的，必须经过一番辛勤劳动的过程；"众里寻他千百度，蓦然回首，那人却在，灯火阑珊处。"此第三次设计之感受，即经过反复追寻、研究，到底取得了成功，笔者的第三次设计实施成功说不上，不过还是比较满意的。

通过这次磨课，最受益的是作为执教者的本人，当然同一备课组甚至教研组的教师在磨课的过程中都受益了，受益的大小取决于教师的参与程度、思考程度及行动力。

三、"专家引领"视域下如何上出一堂好课

语文教师在成长的过程中，离不开专家的引领。这种引领可以是理论上的引领，即通过阅读名家教育、教学、教研的著作来提升专业水平；也可以通过专家的具体实践，比如观摩名家的好课来提升自己。

（一）梳理教育名家的教育思想或著名论断，来指导自己的教学

叶圣陶先生的著名观点"教是为了不教""应当教给学生学习的方法，而不是长期详细地灌输书本知识"，对我们的语文教学有直接的指导意义。语文出版社社长王旭明老师甚至说："语文教学应该回归叶圣陶时代。"另外，朱自清、张志公、吕叔湘、夏丏尊的教育理论对我们的语文教学也很有指导意义。

怎样上好一堂课？人民教育家于漪老师的主要经验是：第一，"挖掘文章内在的思想性，揭示其蕴含的深意"；第二，"重锤敲打关键词句，使它们溅出耀眼的火花"；第三，"变换提问的角度，选择最佳入口处，激荡学生的感情"；第四，"创设情境，带领学生置身于情境之中，使他们耳濡目染，受到熏陶"；第五，"联系、扩展，增添感情浓度，形成余音缭绕的气氛"。

当代教育名家钱梦龙老师针对传统的讲读教学模式，创新性地提出了导读教学模式——"三主四式"。"三主"是导读教学的指导思想。"三主"即"以教师为主导，以学生为主体，以训练能力为主线"。"四式"为导读教学的结构形态。"四式"表现形态为"自读式—教读式—练习式—复读式"。当代教育名家魏书生提出了"六步教学法"，即定向—自学—讨论—答疑—自测—自结。"六步教学法"以知、情、行、恒相互作用的规律为依据，重点培养学生的自学能力。这样的名家还有许多，向这些名家学习教育教学理论，一定能提高自己的日常"好课"率。

（二）学习当代教育名家的公开课，直观地提升教学水平

当代教育名家余映潮老师创建了全新的"板块式、主问题、诗意手法"阅读教学艺术体系，总结出了"思路明晰单纯，提问精粹实在，品读细腻深入，学生活动充分，课堂积累丰富"的教学设计30

字诀。

　　我所在的学校，2018 年创建了余映潮中学语文名师工作室，作为具体负责人，我从此有更多的机会系统听余映潮老师的讲座和课，被余老师手把手指导，确实受益匪浅。

　　余老师在培训的过程中，要求我们在教学理念上八"变"：变"教学课文"为"利用课文"；变"轻慢语言"为"着力学用"；变"泛谈感受"为"精读训练"；变"碎问碎答"为"实践活动"；变"思路不清"为"板块思路"；变"读过问过"为"积累丰富"；变"只读不写"为"读写结合"；变"平俗手法"为"高雅教学"。

　　比如余映潮老师的《祝福》公开课是这样上的：

　　环节 1　让学生说，祥林嫂是一个……的人。

　　环节 2　自读 8 分钟。

　　环节 3　训练活动：品读、品析《祝福》中的一处反复，写一点文字，分析其表达作用、表达效果。

　　余老师的公开课为中学语文教师上出好课起到了很好的示范作用。

　　总之，不同时期有不同的好课，我们要与时俱进。不同的角度有不同角度的好课，专家眼里、评委眼里、我们普通教师眼里的好课或许都有些差别。你有你的"好"，我有我的"好"，正如你不一定能说服我一样，我也不能把自己的观念强加于你，但这不妨碍我们通过个人研修、同伴互助、专家引领，一起追寻"更好"。相信每个对好课有所追求的教师都能上出一堂精彩的好课！

第三节　如何提高阅读课的质效

提高课堂效率是我们一线教师永恒的话题,下面我分别从横向、纵向两个角度来说一说提高阅读课质效的策略。横向的角度包括如何提高文学类(包括散文、小说、诗歌、戏剧)、实用类、论说类、文言类等文本阅读教学的质效;纵向的角度包括如何从教学目标、课堂导入、教学提问(主问题设置)、自主合作探究的学习方式、学法指导等方面提高阅读教学的质效。

首先,从横向角度谈谈如何提高阅读课的质效。

一、如何提高小说阅读课的质效

在小说阅读教学中,坚持以学生的阅读为主,教师在教学中指导点拨,理清学生的思路,鼓励学生有大胆而独到的见解,可以提高小说阅读课的质效。通过对《祝福》《林教头风雪山神庙》等课例的研究,笔者认为,可以采用如下策略。

策略一:以三要素为切入点,理清小说内容思路。小说阅读教学应紧紧围绕其三要素进行,即围绕情节、人物、环境进行。在学生阅读之前,教师应提出学生自主阅读的目标要求,比如画出文中的环境描写语句、了解文中的社会环境、掌握文中的情节要素等等,勾画圈点并领悟精彩之处,让学生围绕三要素有目标地读,才能让他们感觉小说阅读并非一座望而生畏的大山,而是可以自由驰骋的一片广阔天地。

策略二:抓住人物描写方法,走近小说塑造的人物形象。分析人物形象是鉴赏小说的重头戏,教师要引导学生从情节出发,从分析刻画人物的方法着手,看看作品中人物的肖像、语言、动作、神态、心理反映出人物的什么性格特征；看看作品中有没有侧面烘托人物形象之处，继而归纳整合，把握其思想和性格特点，从而准确把握人物的性格特征和这一人物形象所反映的深刻的社会意义。比如《水浒传》中的李逵是个带有喜剧色彩的英雄人物，通过分析李逵的语言、动作、神态描写，可以得出"忠诚与正义""孝顺与善良"等性格特征。

策略三：进入社会背景抓主题。小说的主题就是小说通过对社会生活的描绘和艺术形象的塑造所表现出来的中心思想。概括小说的主题应该从两个方面来把握：一是小说的三要素（特别不容忽视的是小说描写的社会环境），二是作品创作的背景和作者的思想倾向。作为阅读主体的学生，以小说本身所固有的内容为基础，结合对背景的理解、对作家的理解以及自身的阅读经验，可以得出自己对小说独到的理解。只是须持之有据，言之成理，不可主观武断。

二、如何提高戏剧阅读课的质效

戏剧阅读教学是中学语文教学中被忽视的沃土，其实，从戏剧阅读教学入手可以培养学生对语文的学习兴趣，提高学生多方面的才能，让学生真正领略到戏剧艺术和语文的魅力。通过对《窦娥冤》《雷雨》等课例的研究，笔者认为提高戏剧阅读教学的质效要以提高学生对文学作品的鉴赏和探究能力、提高学生的语文素养为中心。

策略一：深入分析戏剧语言，理解戏剧冲突。一要重视舞台说明。教师应该通过语言分析展示给学生一个场景，让学生在脑中展现各种动作形象，体会戏剧不同于小说的地方，体现戏剧语言的动作性。二要抓住潜台词。通过对舞台上语言、动作的文学分析来使学生明白"潜台词"，这是教学时应该注意的地方。通过潜台词可以窥见人物丰富的内心世界,所以可以通过补写的潜台词来引导学生体会人物的内心冲突。三要注重对台词的分析和理解。戏剧主要通过台词来展示故事情节,塑造人物,揭示主题,因此,教学中必须强调对台词的分析和理解。例如《窦娥冤》第三折中,窦娥对天地的控诉,深刻地揭示了封建社会的黑暗,也点明了作者的写作意图。

策略二:注重角色体验。一要通过朗读体验。通过读来理解主人公的情感,来展现舞台情境。朗诵给学生极其广阔的发挥空间。学生因朗诵而仔细咀嚼、用心分析,体味到作品的思想、人物的性格,这比老师"苦口婆心"的教效果好。二要通过表演体验。表演的好处在于学生心理上有强烈的表现欲望,容易投入。学生要表演,必须认真阅读文本,必须根据台词和舞台说明设计人物的动作,随着对白体悟人物内心的活动,实现角色转换,其结果,则是学生对人物性格的真正掌握。要注意调动全体学生的积极性,排练时要指导非演员同学也参与进去。当演出开始后,学生会在一种期待、满意或失望、遗憾的情绪体验中判定同学演得好不好,这样使每一位同学参与其中,能获得意想不到的"角色效应"。

策略三:组织好点评。评论是阅读的高级阶段。首先允许学生互相争论,教师要"导评":要看表演是否体现原作精神;要看对原作的形象是否把握得很准确;要看动作台词是否体现了人物形象的性格,表达了人物的感情;要看表演有无创新,是否合适;要看表演是否流畅完整,应有哪些改正;等等。另外,让学生在朗读、鉴赏等基础上,对人物、情节有一定的感知,再对剧作进行评价。

策略四:改写、续写或创作剧本,编演课本剧。这是戏剧欣赏的进一步提高。编演课本剧语言要规范,用词要准确,句子要完整。表演时读音要准确,对话要与人物性格相符合。编演过程可以使学生在表演中对人物个性、作品主题有更深的理解，是学生主动学习语言基础的过程，也是全面提高学生素质的有效途径之一。最后激发学生续写、改写或创作剧本的热情，让学生在创作中感受到戏剧不同于其他文体的魅力。

以上策略都必须尊重学生的主体地位，让学生自己去体验，这才是提高戏剧教学质效的有效途径。

三、如何提高文言文阅读课的质效

策略一：通过积累文言基础知识，提高文言文阅读教学的质效。

学习文言文，最应该下功夫的是多掌握文言词语，掌握文言的常用词语和句式，不是让学生背字典、背语法条条，而是要通过诵读文章，用"字不离句，句不离篇"的办法去解决。教师完全可以在讲解有关课文时，随文而教，而且不必过于强调名词术语，只需让学生认识到有这种语言现象，能够理解它的含义就可以了；类似的语言现象出现多了，学生在教师的指导下归纳对比，自然能够读懂类似句子，达到"意会"的程度。

比如在上《子路、曾皙、冉有、公西华侍坐》这节课时，我和学生做了文言基础知识卡片，包括一词多义、重点虚词、词类活用、特殊句式等。我自己对教材中 120 个实词、18 个虚词的知识点的分布有宏观的把握，能做到有序、系统地讲授归纳。学生对本课重点的文言知识有了清晰的印象，长期坚持下来，虽然词汇的学习属于随文而教，但也能够自成系统。

策略二：通过诵读提高文言文阅读教学的质效。

培养文言文语感，传统语文教学中的诵读法不可不借鉴。所谓诵读法，是一种通过对文言文的眼观、口诵、心惟、熟读、精思、成诵，达到对诗文全面深入理解的教学方法。文言文的课堂教学，一般来说,根据由浅入深的认知规律,阅读程序大致分四个阶段:初读感知,研读理解,品读评价,美读参悟。在各阶段相机辅以诵读各法,循序渐进,唤起语感。这四个阅读阶段只是就一般的认知程序而言,实际学习过程并非循规蹈矩,往往因人、因文而异。但无论如何,都离不开诵读,离不开教师的范读、学生的自读这些基本的诵读步骤。

策略三:通过合理设置主问题,引导学生体认所言之志、所载之道,从文学的角度提高文言文阅读教学的质效。

比如《子路、曾皙、冉有、公西华侍坐》的教学,主问题可以设置为:孔子及弟子的志向和性格特点是怎样的? 所有教学活动都依据这个问题展开,四个学生的形象和志向都是为孔子的思想和形象服务的。通过主问题的解决,孔子作为一个因材施教的教师,一个空前绝后的圣人形象,就树立在学生的眼前了。

策略四:采用自主合作探究的学习方式,从文化的角度提高文言文阅读教学的质效。

在学生已经具有一定基础的情况下,部分文段的疑难问题,可以以小组为单位进行讨论,全班交流解决。词语、句式梳理,可以让学生从通假字、一词多义、古今异义、词类活用、特殊句式和句子翻译等方面总结归类,交流展示,使学生尽情活动,成为课堂的主角。文章欣赏,更可以小组合作,限制时间和人数,选择代表讲述独特的感悟。当然,其中最重要的还是培养学生个人的探究鉴赏能力,毕竟学生的文言文阅读主要是一种个人自悟、自省、自得的行为,各种训练最终还要落实到学生个人阅读能力和语文素养的提高上。

策略五:培养学生学习文言文的兴趣,提高文言文阅读教学的质效。

文言文教学中教师完全可以因人而异，区分不同动机，激发学生的学习兴趣，以期获得满意的学习效果。讲清文言文的应用价值、文化价值，使学生明确意义，激发其使命感，如：学习陶渊明的《归去来兮辞》，从历史的角度体会作者在政治黑暗的社会中独守清白的可贵；学习苏轼的《前赤壁赋》，关注作者屡遭贬谪、身处逆境时的达观。采用小组竞赛法，激发学生的好胜心，来促进朗读或背诵；编制梯度合理、适当迁移的习题，适应学生的思维规律，满足其成就感，来促进基础知识的掌握；注意美感因素的挖掘、愉悦情境的构建，来使学生保持长久的兴趣；要求学生站在当下的角度，联系现实，结合自己的生活体验，发散思考，吸取古人经验和教训以启迪智慧，丰富心灵和提高品德以怡养性情。凡此种种，皆可提升文言文阅读课的质效。

接下来，从纵向角度谈谈如何提高阅读课的质效。

1. 合宜的教学目标提高阅读课质效。教学目标是一切教学活动的出发点和归宿点，是构成课堂教学活动的首要成分和核心要素，是确定教学活动的内容、选择教学方式方法的依据，也是课堂教学活动的预期结果，直接关系到课堂教学的效果。确定教学目标的策略：分解目标，分析任务，确定起点。整节课的教学目标与各环节的教学目标的关系：导入→前后联系，直奔目标；新授→重难点突出，落实目标；练习→把握重难点，巩固验收目标；结束→总结精髓，升华延伸目标。教学目标优化了，阅读课堂教学就自然有效了。

2. 精彩的课堂导入提高阅读课质效。精彩的导入环节无疑可为整堂语文课教学奠定良好的基础。语文教师要认真钻研教材，挖掘教材的深度和广度，在"懂""透""化"的基础上结合教学实际，运用教育艺术，精心设计，努力优化语文课堂导入环节，便可促进学生语文思维的发展,提高语文阅读教学的质效。

3.精心的教学提问(主问题设置)提高阅读课质效。文眼式提问:何谓文眼?顾名思义,就是文章的眼睛,即是文中最能揭示主旨、升华意境、涵盖内容的关键性词句。在教学中抓住文眼提问,便于学生更好地理解领悟。化难为易式提问:学生认识理解事物都是由简单到复杂,由感性认识到理性认识,教师在教学中提问要深入浅出,化难为易。引导式提问:学生提问,师生共同探讨,可加深学生对文本的理解。留白式提问:针对文章结尾有丰富想象空间的"留白"提问,引导学生想象,可以提高学生的迁移运用能力。另外,主问题设计可从以下六个方面入手:从课文的标题入手;从文章的思想内容入手;从文章的构思特点或结构脉络入手;从关键词或关键句入手;从事件的发展变化和人、事、理之间的关系入手;从激发学生的联想、想象,开拓学生的创新思维方面入手。

4.灵活的自主合作探究学习方式提高阅读课质效。

(1)转变教育教学观念。强调课堂教学,运用互动、主动、能动的方法、技巧和策略,进行团队成员角色分工与合作,充分利用学生的人力资源,把教学过程看作是积极参与组织活动与实践的过程,更有利于培养学生自主、合作与探究的能力。

(2)筛选关键要素,精心设计教学过程。不同的教学方式,强化的要素是不同的,一篇文章抓什么,让学生进行训练是关键。倘若教学目标不明确,随意抓几个内容进行训练,则又是东施效颦,弄巧成拙。所以,要素组合方式要科学,一定要筛选关键要素进行训练才会有效。

(3)重视合作与质疑。对于合作的使用应注意:所给的合作项目要有合作的必要性,必须分工合作、互相讨论帮助才能形成某种共识。小组合作时还应指定小组长与记录人,做好合作结果汇报。

通过合作，不仅完成了学习任务，而且有助于同学间的团结协作、互帮互助，形成良好的班风学风，从而有助于提升学习效率。质疑时要注意：应给学生充足的时间，要相信学生能提出好的问题。通过质疑，让学生明白：原创方法是智慧的，多种方法是高明的，一种方法是可行的。这样有助于学生积极参与到活动中来，提高他们质疑的积极性。

5. 符合学情的学法指导提升阅读课质效。

(1)拿到一篇文章，指导学生学会科学思考。在认真读的基础上，按顺序思考以下几个问题：文章写了什么？怎样写的？作者为什么这样写？针对这些问题的思考，可以从整体上把握文章，理解文章。

(2)指导学生养成阅读批注的好习惯。无论读课内的还是课外的文章，都要"不动笔墨不读书"。学会运用各种形式，做好批注。养成读书做批注的好习惯，可以聚沙成塔、集腋成裘。

(3)指导学生阅读时要做到心中有编者、心中有作者。读文本的时候，一定要考虑，编者为什么要把这篇文章编入课本，目的是什么，想让我们掌握什么知识点，培养我们什么精神，这就是心中有编者。我们在读文本的时候还要考虑作者，作者为什么要写这篇文章，写这篇文章的目的是什么，这就是心中有作者。

(4)指导学生阅读时一定要进入情境。要用心去读文本，进入作者的内心，进入作者创设的情境，心随文而喜而悲，以作者之心去体验。只有这样，才能够真正理解文章。

(5)指导学生阅读时要善于联想、积累和总结。学习语文要做到"八方联系"，要善于积累、掌握一些语文术语，总结一些阅读规律和方法。

总之，以上横向、纵向阅读课提升质效的策略，可以使学生在阅读教学课堂上情绪状态、课堂参与状态、交往状态、思维状态、生成状态保持最佳，也可以使语文教师们成为有思想、有智慧、有激情、有个性、有文化的老师。

第四节　如何提高作文课的质效

写作是运用语言文字进行表达和交流的重要方式，是认识世界、认识自我、进行创造性表述的过程。写作能力是语文素养的综合体现，作文教学就成了语文教学的重点和难点。那么，如何才能有效地提高作文课的效率呢？

一、领会课程标准精神，明确写作教学要求

《义务教育语文课程标准（2022 年版）》和《普通高中语文课程标准（2017 年版 2020 年修订）》对作文教学都有明确的要求。比如高中新课标在"核心素养""课程目标""学习任务群""学业质量""高考评价"等部分都明确提出了写作要求，我们要据此转变和更新作文教学观念，确保作文教学的正确方向。

二、厘清重要写作理念，科学规划、有序训练

凡事预则立，不预则废，作文教学亦是如此。明确了新课标的写作要求以后，要对高一、高二、高三的作文教学进行三个学年的系统规划和有效的训练。下面我以高三教学为例来谈一谈。

明确作文命题方向，把握重要写作理念

近年来，高考作文试题的命题方向均重点突出"一点四面"，即以"立德树人"为重点，突出对"社会主义核心价值观""依法治国""中华优秀传统文化""创新能力"四个方面的导向，以此进一步强化高考语文的育人功能。其中"一点"是宏观风向标，"四面"是具体的命题切入点。

通过认真研读新课标和 2021 年高考语文四套全国卷作文题，我们发现命题原则、命题思路、命题框架正在悄然进行重要转型。在转型的过程中，要厘清重要写作观念，如"情境驱动"观念。2021年的高考乙卷作文题目被称为"情境驱动"作文，是让考生进入情境真实思考，在有我之境里激活思维，从而进行有深度的写作、个性化的表达，在写作中塑造自我。就高考作文写作来看，进入并创设情境是体现创意的重要方式和途径。在备考和平时的写作训练中，我们有意识地引导学生树立主体意识、身份感，先如临其境再深情入境，唤醒自己的感知能力、情感体验，激活写作欲望和认知表达力，顺势以情入理，情理交融地表达出鲜活、生动的个性化思考。这既能巧妙完成发展等级中写作有创意的要求，又能有效避开写作内容千人一面的困境。在厘清了高考作文的转型特点和重要理念后，我们制订了 16 次的作文训练计划，见下表：

高三备课组作文训练计划

周次	训练点	作文类型	作文篇幅	课型	备注（已完成的部分题目）
1	（1）"立德树人"，通过"作文"引导学生"做人"，训练学生作文思想健康、感情真挚的能力。	话题作文文体不限	小作文	作文互评课	话题："富强""民主"（二选一）
2		新材料作文文体不限	大作文	作文讲评课	精选高考、模考作文题
3	（2）训练学生 45 分钟内自主完成 800 字以上作文的能力。	任务驱动型作文文体不限	小作文	作文自评课	话题："文明""和谐"（二选一）
4	要求：不套作，不抄袭；不泄露个人信息；字迹工整、卷面干净整洁。		大作文	作文讲评课	精选高考、模考作文题

续表

周次	训练点	作文类型	作文篇幅	课型	备注(已完成的部分题目)
5	(3)训练审题立意的能力。要求:①符合题意(符合材料内容及含意所涉及的范围、情境及任务要求),观点明确;②中心明确,争取见解新颖、思想深刻(透过现象深入本质、揭示事物内在的关系、观点具有启发性)。	话题作文议论文	小作文	作文指导课	话题:"自由""平等"(二选一)
6		新材料作文任务驱动型作文议论文	大作文	作文讲评课	精选高考、模考作文题
7	(4)训练突出中心的能力。要求:学会题目、开头、中间段落、结尾扣题。	话题作文议论文	小作文	作文指导课	话题:"公正""法制"(二选一)
8		新材料作文任务驱动型作文议论文	大作文	作文讲评课	精选高考、模考作文题
9	(5)训练结构严谨、逻辑严密的能力。要求:熟练运用各种议论文的结构范式。	话题作文议论文	小作文	作文指导课	话题:"爱国""敬业"(二选一)
10		新材料作文任务驱动型作文议论文	大作文	作文讲评课	精选高考、模考作文题
11	(6)训练论证充分的能力。要求:论据充足;材料丰富新鲜。	话题作文议论文	小作文	素材分享课	话题:"诚信""友善"(二选一)
12		新材料作文任务驱动型作文议论文	大作文	作文讲评课	精选高考、模考作文题

续表

周次	训练点	作文类型	作文篇幅	课型	备注(已完成的部分题目)
13	(7)训练论证深刻的能力。要求:思考具有独立性;推理有独到之处。	话题作文议论文	小作文	作文指导课	话题:"双减"
14		新材料作文任务驱动型作文议论文	大作文	作文讲评课	精选高考、模考作文题
15	(8)训练记叙文构思新巧、结构严谨的能力。	话题作文记叙文	小作文	作文指导课	话题:躺平
16		新材料作文任务驱动型作文记叙文	大作文	作文讲评课	精选高考、模考作文题
17	(9)训练记叙文内容充实丰富的能力。要求:①形象丰满;②意境深远;③材料新鲜;④想象有独到之处。	话题作文记叙文	小作文	作文自评课	话题:内卷
18		新材料作文任务驱动型作文记叙文	大作文	作文互评课	精选高考、模考作文题
19	(10)训练规范应用文结构的能力。要求:①重要的应用文格式都要训练到;②结构要严谨。	话题作文演讲词等	小作文	作文指导课	话题:孟晚舟
20		新材料作文任务驱动型作文演讲词等	大作文	作文讲评课	精选高考、模考作文题
21	(11)训练充实应用文内容的能力。要求:①内容符合相应应用文要求;②内容充实丰富,材料新鲜。	话题作文读(观)后感等	小作文	素材分享课	话题:习近平主席的新年贺词
22		新材料作文任务驱动型作文读(观)后感等	大作文	作文讲评课	精选高考、模考作文题

续表

周次	训练点	作文类型	作文篇幅	课型	备注(已完成的部分题目)
23	(12)训练符合文体要求的语言能力。 要求:议论文、应用文、记叙文要使用相应的语言。	话题作文读(观)后感等	小作文	作文指导课	话题:冬奥会
24		新材料作文任务驱动型作文读(观)后感等	大作文	作文讲评课	精选高考、模考作文题
25	(13)训练语言流畅而有文采的能力。 要求:用词贴切、句式灵活、善于运用修辞手法、文句有表现力、有个性特征等。	话题作文文体不限	小作文	作文互评课	话题:感动中国人物
26		新材料作文任务驱动型作文文体不限	大作文	作文讲评课	精选高考、模考作文题
27	(14)新材料作文综合训练。	新材料作文文体不限	小作文	作文指导课	
28			大作文	作文讲评课	
29	(15)任务驱动型作文综合训练。	任务驱动型作文文体不限	小作文	作文指导课	精选高考、模考作文题
30			大作文	作文讲评课	
31	(16)漫画类作文综合训练。	漫画类作文文体不限	小作文	作文指导课	
32			大作文	作文讲评课	

说明:

1.小作文指的是随笔或小专题训练的片段作文。大作文指800字以上的整篇作文。

2.此计划着眼于核心素养的整体发展。具体训练点用(1)(2)等标明,对应第一周、第二周等作文训练序列。每个训练点训练一次,用两周时间,除去月考、模考时间，安排 16 次训练，每次训练包括大作文、片段作文(随笔)等训练形式。

三、采用不同的作文课堂教学课型，提高作文教学效率

我们把作文课按照教学过程划分为不同类型，形成不同课型，便于我们实践操作，这样有利于我们厘清备课思路，使作文课形式灵活多样，提高作文课堂教学效率。在作文课教学实践过程中，我们把课型分为作文指导课、作文讲评课、作文自评课、作文互评课、素材分享课、以读促写课等课型，每种课型的流程都有所不同。

示例 1

作文指导课一般流程：

第一步：真题回放(2 分钟以内)

第二步：知识铺垫(5—8 分钟)

第三步：训练活动(20—25 分钟)

第四步：方法小结(5—10 分钟)

每节课可以按不同内容安排 1—3 个不同活动。

示例 2

作文讲评课一般流程：

第一步：题目回放(2 分钟以内)

第二步：教师讲评(10—15 分钟)

第三步：范文引路(5—10 分钟)

第四步：自评升格(10—15 分钟)

示例 3

作文互评课一般流程：

第一步：明确标准(2 分钟以内)

第二步：互读作文(10—15 分钟)

第三步:互评作文(10—15 分钟)

第四步:全班交流(10—15 分钟)

示例 4

素材分享课一般流程(提前做好 PPT,学生要把摘要写在积累本上):

第一步:推荐素材(10 分钟以内)

第二步:分享素材(10—15 分钟)

第三步:归类定向(5—10 分钟)

第四步:片段练习(10—15 分钟)

四、精简作文课讲授内容,分层提升学生的写作水平

作文课上,要改变过去学生只是习惯于被动地听教师讲的局面,要精简教师讲授内容,充分发挥学生的写作主体作用。对学生进行隐性分层,通过分层提问、分层辅导等特定的教学手段使得不同层次的学生都能同时受益。组建学习小组,充分利用学生之间的互动,例如每节作文课时抽出一定的时间让同学分享日常积累的作文素材或写得比较好的作文,让各层次的学生都有动脑、动手、动口机会,学生的主体精神、合作与竞争意识得到培养和提高,分析、解决问题能力与表达能力也会得到提高。如果学生解决问题的能力强了、思路广了、方法多了,写作积极性就会提高,作文水平也自然会逐步提高。

五、通过小专题式作文教学,提升学生作文水平

为了提高学生的写作积极性,提升作文水平,可把小作文(随笔)写作设计成小专题式作文教学。在实践过程中,我们总结了以下做法:

一是要合理规划小专题主题,提高学生的思想认识。要密切

关注时政，可根据当前大政方针和宣传重点，确定小专题写作内容。比如，我们围绕"冬奥会"进行了"奥运与科技"的专题写作，围绕"食品安全"进行了"道德与健康"的专题练笔，等等。

二是选择的小专题要围绕时政热点，关注核心价值观，着眼于立德育人、完善学生人格。选择小专题前，要充分了解学生的思想认识程度，坚持问题导向，回应现实困惑，激发学生的内在需求。选题尽可能接近学生的生活，譬如选择"教育"类的小专题。在确定小专题内容的基础上，要训练学生给材料归类的能力，比如梳理出具体材料的思辨种类——利益考量与理想情怀、个体意识与全局观念、"批判精神"与"建设心态"等来训练学生，还要教给学生具体写作技法，以议论文为例，要训练学生拟定分论点、解决论据使用中的常见问题、学会使用不同的论证方法等能力。

师生要平等参与小专题作文写作的全过程，共同提升作文水平。小专题作文过程中，要让学生参与选题、组材、评选、讲评等活动。活动可分组进行，让学生分工协作、良性竞争，既锻炼了学生的写作能力，也锻炼了学生查阅、沟通、整理、赏析、讲评的能力，可以说是一种综合性的语文活动。

六、通过思辨性写作训练，促进学生的思维发展与提升。

2017年版课标在"思维发展与提升"方面是这样说的："学生在语文学习过程中，通过语言运用，获得直觉思维、形象思维、逻辑思维、辩证思维和创造思维的发展，促进深刻性、敏捷性、灵活性、批判性和独创性等思维品质的提升。"这里面就提到了思维品质，指出了思维品质的几个方面。纵观近年的全国卷作文题，对思辨能力的考查一直是命题的价值导向。试题无论是社会热点现象类还是矛盾类，引导学生思辨的核心都聚焦在对直觉思维、形象思维、逻辑思维、辩证思维和创造思维的考查上。笔者高度重视学生的写作思维的发展,并设计了相关的思辨性写作训练。通过对 2022 年乌市一模"广大与精微"的思辨性作文的讲评,对思辨性作文进行了重点训练,对思辨性作文的审题立意进行了专题课例研究,引导学生对个人与时代、合作与竞争、平凡与伟大、守正与创新、理想与现实、读书与实践、人情与法律、个性与共性、个体与集体等关系进行了具体梳理,学生的思辨能力得到了提升。

七、积累素材,精选范文,以读促写,提高作文教学效率

通过阅读建立翔实的素材库,可以拓宽学生的视野。比如,适当借助国家级媒体的时评作品来积累、整合素材。《人民日报》、《光明日报》、"学习强国"等权威媒体的"评论版"时评,内容往往与高考"立德树人"的命题原则高度切合,与高考试卷的命题方向、作文的命题主题相关,坚持阅读有助于我们把握国家发展过程中的一些重大事项、时政热点、大政方针、治理思想等,这样做可谓"一举多得"。开展课堂、课外活动是支持和推动学生积累的好方法。比如,开展课前积累展示五分钟、每周一节读书心得交流课、每月一篇读书推荐语并张贴在班级的文化墙等活动,激发学生的积累、展示欲望,力争做到全员参与、共同分享,这样既积累、丰富了知识,又获得了文学阅读鉴赏的经验。

精选范文,模仿范文写作文,可以让学生更好地达成写作目标。范文是蕴含大量语文知识的示范性文章。教师通过精选的范文,引导学生掌握文章中的词法、句法、章法等。对于范文的模仿,往往侧重于文本的一个方面,或通过多篇范文学习写作知识,进而提高学生的写作能力,争取让学生"起于模仿,终于超越,达到创造"。例如:笔者和学生剖析了教材中的《劝学》《六国论》《拿来主义》等文章,让学生熟知议论文"提出问题—分析问题—解决问题"的纵向行文思路及论点鲜明、准确、概括,事实论据典型新颖、理论论据经典，论证严谨的文体特征。学生们在此基础上，写议论文就有章可循，容易多了。还可以把学生的优秀作文当教材或范文来讲。这有很多好处：其一，学生感觉亲切；其二，"作者"心里喜悦，写作的劲头会更足；其三，读写结合更紧密；其四，对后进生更有帮助；其五，教师可以"偷懒"，我教"作者"自己备课，自己登台解析他自己的立意、构思、写作感受、经验与教训等等。把学生作文当教材，让同学复述优秀作文，确实很实用。

八、运用多种批改方式，分层评价学生作文，促进学生整体作文水平的提升

"文章不怕千遍改"，好的文章都是批改出来的。我们要转变传统的批改形式，由之前的教师一人改全班变为全班共同改，在此基础上，开展多种形式的作文批改，比如全阅评分、重点批改、个别面批、自批自改、互批互改等，使学生真正意识到自己是作文的主人，才会在科学的指导下，获得实打实的效果。要特别重视面批，面批非课外辅导，非可有可无的活动，而应是有计划实施的教学活动。面批时遵循的工作流程一般为：学生写作情况回放→问题辨析与归纳→具体教学内容确定。面批时教师要放下架子，与学生一起言说，由作文的评判者转换为与学生平等的"倾听者、合作者、引导者"，激发学生的写作学习积极性。面批需促进学生积极地表达写作感受，激发其积极的写作状态，让学生觉得"我也行""我也能写好"，生成写好作文的激情、信心和能力。面批具有一定的覆盖性，一般的安排是每学期全覆盖学生两次。

对学生作文进行分层评价一定要多找学生的长处、亮点，进而肯定学生某一方面或某些方面的成功，鼓励学生在其他方面继续努力。当然，对于不同层次的学生，也要尽可能采用不同的评价方式。比如，对第一层次的学生，可多采用"高赋分低评价"，以高分肯定他们的优秀,但一定要让他们明确自己还有很多不足,不能让他们沾沾自喜于点滴成绩而止步不前,而是要不断积累,继续提高。对第二层次和第三层次的学生,则尽量采用"低赋分高评价",多肯定其长处与亮点,使他们看了评分不灰心,扬长补短,争取一步步提高;让他们首先自己跟自己比,增强自信心,尝到成功的甜头之后,再与高一层次的学生比。这样,就使各个层次的学生都站在自己的学习"起跑线"上,各自向前发展,使全体学生都能处于"乐学"的情境之中,不断激发写作兴趣,进而提高写作水平。

第四讲　作业检测篇:中学语文教师专业发展的试金石

第一节　中学语文教师如何设计作业

在课改不断深化、"双减"任务快速落地的当下,作业问题引发空前关注。中学语文作业设计作为教学设计的重要一环,是反馈教学效果和培养学生能力素养的重要途径,是教师及时调整教学内容的手段之一,是学生课堂学习的延续,也是语文有效教学的重要因素。当前中学语文课外作业要么被忽略,要么机械、简单地布置练习册内容,导致学生对作业缺乏兴趣、疲于应付。这些问题成为当前中学语文教育教学亟待解决的问题。在新课标指导下,设计科学合理的作业能够有机整合学生的言语材料、思维逻辑、审美情趣、文化理解,帮助学生掌握语文学习方法,提升中学生语文核心素养。

一、作业设计及评价的原则

强化立德树人的作业设计理念;以课标为指引,突出培养学生语文核心素养的作业设计目标;以教材为依托,适度拓展延伸;以学情为起点,激发学生潜力。

二、作业设计实施策略

教师在设计语文作业时,宏观上要聚焦语文核心素养目标,设计多种类型的作业;微观上要站在学生个体发展的角度,对作业进行作业量分层、难度分层、评价分层的设计,提高学生自主学习的积极性。

策略一:聚焦核心素养,设计多种类型作业。

"一线四抓手"是指以培养学生语文核心素养为主线,以积累识记型作业、思维提升型作业、评价鉴赏型作业、应用拓展型作业为抓手,顺势在个体言语经验发展过程中实现学生的语言建构与运用、思维发展与提升、审美鉴赏与创造、文化传承与理解。

1. 设计积累识记型作业,强化学生的语言建构与运用能力。语言建构与运用的实质是学生形成个体言语经验,要设计合适的场景让学生对相关作业进行有效的交流沟通。除此之外,《义务教育语文课程标准》《普通高中语文课程标准》规定的《义务教育语文课程常用字表》、《优秀诗文背诵推荐篇目》(7—9 年级 60 篇/段)、《古诗文背诵推荐篇目》(高中阶段推荐文言文 32 篇、诗词曲 40 首),要通过多种形式的作业,让学生熟练掌握。

2. 设计思维提升型作业,提高学生的思维发展与提升能力。在语言能力培养中促进思维发展。例如:通过画思维导图的作业,学生可以将复杂的语言材料简单化、抽象的语言知识可视化,提高学生的学习兴趣和自学能力,促进学生主动学习和自我成长,这样的方式不仅促进了学生语言能力的培养,也能带动思维能力的发展。这种类型的课外作业非常适合某一课或某一单元教学结束后进行,有利于学生对该课或该单元的知识进行归纳和整理。如在学完《烛之武退秦师》之后,要求学生将烛之武"说退秦师"的思路用思维导图的方式画出来,这样,学生就能更好地体会烛之武的论辩艺术了。

3. 设计评价鉴赏型作业,提升学生的审美鉴赏与创造能力。审美鉴赏与创造包括审美意识、审美情趣、鉴赏品味以及进行美的表达与创造。学生可以在文学作品中进行审美鉴赏，感受作品中的语言、形象与情感的独特之美，跟随文学作品的描述来展开合理的联想与想象，依据文学作品传达出的思想情感来树立正确的人生观、价值观和世界观。例如，指导学生对《红楼梦》进行整本书阅读时，可设计撰写随笔杂感、开展话剧表演、每日鉴赏评价一处经典语句等作业。通过以上作业，学生在培养语言能力的过程中能提升审美品位。

4.设计应用拓展型作业，培养学生的文化传承与理解能力。语言文字，不仅是文化的载体，也是一种文化现象，更是文化的重要组成部分，所以学习语言文字的过程其实就是文化获得的过程。例如，在学习完《窦娥冤》《雷雨》《哈姆莱特》之后，可以带学生读原著，并辅之以观看相关影视剧，对同一内容的文字版和影视版进行对比，带领学生进行一次文化体验，感受语言文化的魅力，接受经典文化的洗礼，让学生在写读（观）后感和影视表演中获得民族文化的认同感和自豪感，其实这也是在语言能力的培养过程中推动文化传承的一种方式。

总之，我们在进行中学语文课外作业设计时，要充分利用四个核心素养相互影响、共同提升的特点，拓宽语文课外作业设计的领域，打破传统僵化的设计理念，创新思路，开展积极有效的各类作业设计活动，让学生参与进来，选择自己真正喜欢的作业类型，这也充分体现了学生的主体性。此外，还应采取文本型作业和实践型作业相结合的方式，让学生对语文作业产生兴趣，解决目前语文作业存在的问题，让学生积极主动、高效地做语文作业，从而实现对学生语文核心素养的培养。

策略二：关注学生个体发展，分层设计作业。

学生是学习活动的主体，是教学活动的核心要素，学生的个体发展存在诸多差异。教师在设计作业时应充分考虑到学生的学情因素,把"教的活动"转移到"学的活动",根据学生差异,实行作业量、作业难度、作业评价"梯度"分级,让学生收获学习成就感。

例如,在学习《赤壁赋》一文时,对于文言文学习能力发展缓慢的学生,教师可以要求其参考课文注释,熟练地翻译全文并掌握一些重点字词的含义;对于文言文学习中等水平的学生,要求其在翻译全文的基础上,选取文章具有感情色彩的段落,谈谈对苏轼抒发的情感的理解;对于文言文学习能力较强的学生,除了需要翻译全文和了解文意以外,可以对比阅读《念奴娇·赤壁怀古》《前赤壁赋》《后赤壁赋》,谈谈对这三篇文章作者抒发的情感的理解。

策略三:连点成线、连线成网,推进作业设计。

1. 系统化统整一条线

高中语文教材作业设计的系统化统整,指着眼于学生语文核心素养的培养,在考虑作业设计依据的前提下,综合考量整册课本的编写理念、编排结构和选文特点,统合整理而形成学科作业的设计策略。

系统化统整的作业设计策略比较适用于整册课本的宏观性作业和单元作业方案的设计。以必修下册为例,在综合统整上述各方要素后,笔者设计了一个学期的系列写作作业(或任务),见下表。

单元	任务群与主题	单元写作作业(任务)	写作指导	作业设计举例
第一单元	思辨性阅读与表达(二)中华文明之光	如何阐述自己的观点:写议论性文章,学会阐述自己的观点	1. 观点要明确 2. 分析要透彻 3. 角度要多元	围绕以下话题之一阐述观点: 1. 也谈"吾与点也" 2. 孟子"发政施仁"主张之我见 3. 谈谈《庖丁解牛》的寓意

续表

单元	任务群与主题	单元写作作业(任务)	写作指导	作业设计举例
第二单元	文学阅读与写作(四)良知与悲悯	戏剧文学评论写作:对戏剧文学进行主题的探究、戏剧结构的分析、人物形象的鉴赏、戏剧冲突的剖析、戏剧语言(台词)的精妙欣赏、作者个性风格的总结等	1.关注悲剧冲突的伦理性 2.关注悲剧结局的中和性 3.关注审美效果的教化性	围绕以下话题之一写文学评论: 1.中国戏曲悲剧《窦娥冤》矛盾冲突的复杂性 2.《雷雨》人物谈之周朴园(鲁侍萍等) 3.《哈姆莱特》的经典台词赏析
第三单元	实用性阅读与交流(二)探索与发现	如何清晰地说明事理:运用所学知识,探究实际问题,形成自己的见解。学写事理说明文	1.准确认清事理 2.阐释关键要素 3.讲究逻辑顺序 4.巧用说明方法 5.具有读者意识	以下作文题三选一: 1.采用事理说明文的方式,介绍自己喜爱的一种动植物 2.以"＿＿＿＿(某种传统文化技艺)的制作"为题写一篇说明文 3.我熟悉的一句农谚介绍
第四单元	跨媒介阅读与交流 媒介素养	跨媒介写作:理解多种媒介运用对语言的影响,提高综合运用多种媒介有效获取信息、表达交流的能力	1.了解不同媒介的语言特征 2.参与信息传播 3.辨识信息真伪	以下写作任务三选一: 1.拟写招聘启事 2.拟写节庆宣传推广方案 3.编写真实信息源图表
第五单元	实用性阅读与交流(三)抱负与使命	写演讲稿:进一步学习演讲稿的写作,准确、充分地发表见解。阐发主张,表达立场,抒发情感	1.要有针对性,要主题鲜明 2.要有可讲性,要内容丰富 3.要有鼓动性,讲究语言技巧	以下作文题二选一: 1.以"抱负与使命"为话题写演讲稿 2.以"时代机遇与青年责任"为话题给10年后的自己写一封信

续表

单元	任务群与主题	单元写作作业(任务)	写作指导	作业设计举例
第六单元	文学阅读与写作(五)观察与批判	叙事要引人入胜；学习用读书提要或读书笔记记录自己的阅读感受和理解，从生活中选取材料，尝试写复杂的记叙文	1. 点面结合，详略得当 2. 叙事有法，灵活多样 3. 巧设悬念，引人入胜 4. 巧用抑扬，凸显主题 5. 借宾衬主，效果强烈 6. 情节急缓，疾徐交替	以下作文题二选一： 1. 自拟题目，写一篇记叙文，可以写真实经历，也可以写虚构故事 2. 围绕本单元小说表达手法，写一则读书札记
第七单元	整本书阅读(二)不朽的红楼	撰写故事梗概或作品提要、读书笔记，学写综述	1. 泛读与精读相结合，为写作打下基础 2. 学生根据自己的实际阅读情况，按时总结自己的读书报告	以下作文题任选一个： 1. 前五回故事梗概 2.《红楼梦》部分典型的诗词曲赋欣赏 3.《红楼梦》之黛玉(或宝钗等)形象鉴赏综述
第八单元	思辨性阅读与表达(三)责任与担当	如何论证：写作议论性文章，学会论证自己的观点	1. 论据务必适合表现文章的论点 2. 选材要有时代性 3. 事例分析讲究方法 4. 语言表达要清晰	以下作文题任选一个： 1. 以"读书与读屏"为话题写一篇议论文 2. 围绕"责任与担当"写一篇议论文

这一系列写作任务的设计，从学生写作能力形成与素养提升的角度，统整了课标理念、课程目标、教材特点、教材知识、教材所含能力点。同时，这一学年的系列写作作业尤其关注写作目标如何有序达到，注意搭建学生学习的过程支架，指向学生写作策略的建构，强调程序性知识的积极建构，聚焦于学生的写作学习。

2. 精细化设计每个点

课程教学目标是教学要达到的要求，是学生课程学习要达到的程度。要关注学习目标设定、教学评价设计、教学活动设计的优先次序,特别体现在学习目标与教学评价的优先设计上,这给统编高中语文教材的作业的科学设计提供了新思路。

例如必修下册第五单元第 11 课的作业设计:第五单元的人文主题是"抱负与使命",对应的任务群是"实用性阅读与交流"。这一单元的主要任务为:了解作者所处时代的特征及其社会问题,分析作者对社会的看法,理解作者所表现出来的时代使命和个人抱负;围绕"抱负与使命",讨论当前我们所处的时代、社会,培养分析社会现象、思考社会问题的能力,思考自己应当具有怎样的抱负,承担怎样的使命;写一篇演讲稿与同学交流。

第 11 课由《谏逐客书》《与妻书》两篇文章组成。这一课的课程目标主要有:

(1)概括《谏逐客书》的主要内容,梳理文章的论述思路,理解文章"随事谏诤,务求实效"、有理有据地发表意见的特点。

(2)把握《与妻书》的书信特征,体会作者既缠绵悱恻又充满浩然正气的深切情感。

(3)体会《谏逐客书》《与妻书》两文作者的抱负与使命。

这三个课程目标是确定的预期结果,结合本课的学习提示和该单元的单元学习任务,设计出本课的作业如下:

(1)请简述《谏逐客书》的论述思路。结合课文概括铺陈的内容,并简说铺陈的表达作用。分析正反对比的说理方法。

(2)赏析《与妻书》多处细节描写来表达夫妻深情的特点。简要分析《与妻书》中作者是如何将"爱妻"与"爱国"两种"爱"有机融合在一起,使其情感更为深广的。

(3)阅读《烛之武退秦师》《邹忌讽齐王纳谏》《谏逐客书》等文章,写一篇演讲稿,就古代士人的"抱负与使命"或劝谏艺术谈谈你的认识。要求:观点鲜明,有理有据,逻辑清楚;800 字以上。

整个作业,以课标为指引,以教材为依托,紧扣课程目标,同时勾连了其他材料和已学篇目,有较强的基础性、拓展性和综合性。在认知过程的维度上,作业整体上呈现为理解、应用、分析、评价和创造五个依次递进的认知能力层次。整个作业设计呈现了较明显的难易梯度,在作业目标、功能和结构上较为科学。

3.“微项目式”推进结成网

语文能力和素养的提升,需要通过在实践中学习、运用语文来实现。借鉴以学生为中心的项目式学习的方式,作业设计也可适当采用“微项目”的方式推进。以必修下册第七单元“不朽的红楼”为例,结合单元学习任务 4 要求,笔者设计了一项“微项目式”作业——红楼梦曲朗诵鉴赏会。

作业要求:(1)诗文篇目为《红楼梦》第五回的 14 支红楼梦曲;(2)小组合作或个人独立完成皆可,建议小组合作完成;(3)落实下表要求,根据朗诵脚本设计,拿出最佳水平的朗诵作品。

《红楼梦》曲朗诵脚本撰写与朗诵作业小组分工

班级	高一(　)班(　)组		曲牌名	
组长				
分工项目		具体负责人	完成情况评价	
相关情节介绍				
鉴赏要点				
脚本撰写				
朗诵				
音频素材				
视频素材				

　　从教学结果看,整个过程体现出项目式学习的特点:作业完成过程充分以学生的学习为中心;作业设计和完成围绕单元课程目标,并基于单元学习任务和主要问题;学生通过展示"微项目"的作品成果,验证各自和团队运用知识、技能的水平;作业完成过程中,学生借助现代信息技术支持,促进了学习;作业评价包括表现性、过程性、发展性等不同的评价内容和形式,如阅读理解水平评价、信息查询筛选与梳理整合水平评价、脚本撰写水平评价、朗读朗诵水平评价、信息技术运用水平评价以及团队协作水平评价等。教师在作业完成过程中起到方向引领者、资源支持者、知识运用指导者等作用,提供多种指导性策略,响应并支持不同学生的学习需求、学习特点和学习风格,充分体现了教师指导的针对性。以"微项目式"推进的作业设计,在丰富学生的表现性和过程性作业成果、形成多样化的学生成长记录时,也体现了教学观念的转变。

　　作业是学生语文实践活动的途径之一,从语文课程的工具性与人文性基本性质可以看出,教师需要以科学、民主的态度去对待语文作业。教师还需不断地学习,提升自身能力,立足实际,设计出更多有益于提升学生语文核心素养的作业清单,为中学语文教学实践提供有效借鉴。此外,作业实施和管理中需要遵循的前瞻有序、批阅分析、检查记录、反馈评讲、整改推进等几个步骤不可忽视。

第二节　中学语文教师如何命题

前些年在中学非常流行一句话：考考考，老师的法宝；分分分，学生的命根。在新一轮课改的洗礼下，对学生的评价有了更多的方式，更符合学生的成长现状，但是考试这种方式，继续以它强大的生命力存在于一线教师的日常工作中。一线教师要命制各种类型的测试卷，比如一课一测、单元测试卷、月考测试卷、期中测试卷、期末测试卷、学业水平测试卷（中考卷、学考卷）等等。随着中考、高考改革的不断深入，各类测试的命题要求也越来越高。如何应对？下面提供几个策略，以期提高命题质效。

策略一：明确考试对象、考试内容、考试目标。

考试对象是中学六个年级的哪个年级；考试内容的范围是怎样的，是一课、一单元、一学期还是整个初中段、高中段；考试目标是学情检测，还是学力检测。明确了这些问题，测试卷才更有针对性。

策略二：研读命题相关规定。

（一）要熟练掌握《义务教育语文课程标准（2022 年版）》的相关内容。特别是第 42—43 页第四学段（7—9 年级）的学业质量描述和 46—51 页的评价建议。对学业水平考试的命题原则、命题规划、命题要求充分了解，烂熟于心，来指导初中语文教师的日常命题工作。

（二）要熟练掌握《普通高中语文课程标准（2017 年版 2020 年修订）》的相关内容。特别是 35—40 页的"五、学业质量"的内容，要特别熟悉"学业质量水平"表，要重点掌握 47—49 页的"学业水平考试与高考命题建议"中的"测评与考试目的""命题思路和框架""命题和阅卷原则"等内容。

(三)了解《中国高考评价体系》的相关内容。要仔细研读高考评价体系的内容与性质:高考评价体系主要由"一核""四层""四翼"三部分内容组成。其中,"一核"为核心功能,即"立德树人、服务选才、引导教学",是对素质教育中高考核心功能的概括,回答"为什么考"的问题;"四层"为考查内容,即"核心价值、学科素养、关键能力、必备知识",是素质教育目标在高考中的提炼,回答"考什么"的问题;"四翼"为考查要求,即"基础性、综合性、应用性、创新性",是素质教育的评价维度在高考中的体现,回答"怎么考"的问题。同时,高考评价体系还规定了高考的考查载体——情境,以此承载考查内容,实现考查要求。

(四)研读《中国高考报告》编委会编撰的当年的高考蓝皮书,比如2023年度高考蓝皮书《中国高考报告(2023)》。《中国高考报告》编委会核心成员来自国内一流大学或研究机构,系统研究高考政策、高考改革与国家人才培养战略转型,全面总结高考综合改革和教育评价改革的实践成效,重点分析2022年高考实践的命题要点、试卷特色与2023年的发展趋势,深入解读高考评价体系的总体特征及高考的考查内容、考查要求。此报告对广大教育工作者准确把握高考改革方向、深入理解高考核心功能、落实立德树人培养目标、有效应对高考综合改革具有参考价值。

(五)研读教育部教育考试院对高考试题的评析,比如《2022年高考语文全国卷试题评析》。

策略三:研读高考真题、本地学考、中考真题。

所有的模拟试题都是基于上一年或者近几年的高考真题进行命制的,要想命制高质量的原创试题就必须对近几年的高考试卷、学考试卷、中考试卷了然于胸，才能尽可能靠近高考、本地学考、中考甚至是校考的考查方式和考查的知识点。要以学生的角度做高考、本地学考或中考真题，这是研究高考、本地学考、中考真题的第一步。由此，了解试题的整体布局、全卷字数、各部分字数、各部分的组成形式甚至是试卷的具体格式、题干的表述方式、答案的组织方式。

策略四：寻找素材。

（一）现代文阅读部分

1.论述类文本阅读

平时多关注官方媒体，例如《人民日报》《新华日报》《参考消息》《中国青年报》《人民教育》等，订阅其官方微信公众号。随时关注有命题价值的信息，特别要关注评论类文章。特别推荐"学习强国"的文化栏目，该栏目的文章质量较高、较为专业，且篇幅适当，通常为一千多字，适度删减即可采用。搜集命题素材的渠道多种多样，总体而言就是中学语文教师平时多关注，做标记，做积累。

2.实用类文本阅读

实用类文本阅读主要关注以上媒体的新闻报道，关注涉及国计民生的大问题。往年的高考题中涉及的"粮食安全""5G""精准扶贫"等内容，有的曾经是热点新闻。坚持每天看《新闻联播》《焦点访谈》《新闻周刊》等，关注相关的公众号，寻找有趣、有价值的时事热点。

3.文学类文本阅读

文学类文本阅读无非是小说和散文，个别涉及戏剧。关于小说，能用于高考试题的小说要么是微型小说、小小说，要么是有删改的相对长的小说，可多关注《微型小说选刊》《小小说》等纸质杂志或相关公众号，还有部分外国小说集。散文要关注当代优秀的散文作家如刘亮程、周涛、余秋雨、史铁生、毕淑敏等人的作品，还要多看看《散文选刊》《杂文选刊》等纸质杂志或关注相关公众号。

（二）古代诗文阅读

1. 文言文阅读

文言文的素材选择大都来自《史记》《汉书》《后汉书》《三国志》《唐书》《宋史》《明史》《资治通鉴》《通鉴纪事本末》《说苑》等。就事实而言，寻找没被使用过的素材本身已经很困难。推荐的电子书包括部分 PDF、DOC、TXT 格式的电子书，但是这类电子书容易出错，使用的时候应当进行校对。更可靠的是"京东读书"的电子书，量大、可靠、可检索，无须校对，缺点是要付费。例如多达十二卷的《通鉴纪事本末》（译注本）在该平台能直接检索和使用。借助电子书强大的检索功能，我们还能提高句式、句法和实词、虚词的考查精准度。

2. 古诗文阅读

寻找没被使用过或者学生没做过的古诗词更是难上加难，命题教师平时要注意培养敏锐的目光，找到有价值的古诗词，发现古诗词中的考点。除了翻阅《唐诗三百首》外，各朝代、各名家的诗集也要经常翻阅。

3. 名篇名句默写

要看看教师用书中对名篇名句的鉴赏内容，也可采用逆向思维，就是在官方媒体中检索想考查的句子，然后适当修改使用的具体情境，这样更自然、更可靠。

（三）语言文字运用

语言文字运用可以依据想考查的词语（易错成语）到官方媒体的网站如人民网、石榴云等处搜集，还可以到官方公众号寻找。该部分的语料都是要进行改装的，这样更适合于考查，也降低了材料选择的难度。

（四）作文题

关注各大媒体的时事热点，关注重大节日的有关文章，比如习近平主席的新年贺词；关注各大媒体的文化节目，比如"年度感动人物"相关报道；关注政治、经济、军事、外交、民生等重要内容报道，比如党的二十大内容。

此外，还可以在各大教育网站下载相关试题，针对考试目的和学情进行重组改编。

策略五：技术支撑。

（一）要会使用多项细目表。试卷命制多项细目表是命制试卷的"蓝图"，在命制试卷前根据考试的要求，制作多项细目表。多项细目表是命题工作的一个重要环节，它可以使命题工作具有计划性，避免盲目性、随意性；使命题者明确检测的目标，把握每套试题的考点、用料、题型、结构、比例、分量等，从而保证命题质量。

如：2023年某高三模拟考试卷多项细目表。

高三模考卷多项细目表（语文）

板块	题型	题序	分值	知识内容	能力要求						核心素养				难度要求
					Ⅰ	Ⅱ	Ⅲ	Ⅳ	Ⅴ	Ⅵ	Ⅰ	Ⅱ	Ⅲ	Ⅳ	
现代文阅读	论述类文本阅读	1	3	理解文中重要句子的含意		√						√			中
		2	3	分析论点、论据、论证方法			√					√			易
		3	3	把握作者的观点			√					√			中
	实用类文本阅读	4	3	理解文中重要句子的含意	√	√						√			易
		5	3	概括、分析文中相关内容			√					√			中
		6	6	筛选并整合文中信息			√					√			中

续表

板块	题型	题序	分值	知识内容	能力要求						核心素养				难度要求
					I	II	III	IV	V	VI	I	II	III	IV	
现代文阅读	文学类文本阅读	7	3	分析鉴赏作品内容和艺术特色			√	√					√		易
		8	6	分析作品的形象和表现手法			√						√		中
		9	6	探讨作者的创作意图						√			√		难
古诗文阅读	文言文阅读	10	3	文言断句		√								√	易
		11	3	文化知识和关键词语的理解	√									√	中
		12	3	概述文中相关内容			√							√	中
		13	10	理解并翻译文中的句子		√								√	中
	诗歌鉴赏	14	3	理解诗句的含意,鉴赏诗歌的表现手法		√								√	中
		15	6	鉴赏诗歌的语言				√						√	难
	默写	16	6	名篇名句默写	√									√	易
语言文字运用		17	3	语言表达连贯					√			√			易
		18	3	正确使用词语					√			√			中
		19	3	辨析并修改病句					√			√			中
		20	6	语言表达准确、连贯					√			√			中
		21	5	提炼关键信息					√			√			中
写作		22	60	新材料作文					√		√	√			中

备注:

1. 能力要求

Ⅰ识记；Ⅱ理解；Ⅲ分析综合；Ⅳ鉴赏评价；Ⅴ表达应用；Ⅵ探究。

2. 核心素养

Ⅰ语言建构与运用；Ⅱ思维发展与提升；Ⅲ审美鉴赏与创造；Ⅳ文化传承

与理解。

3.试题难度

难度系数在 0.7 以上为易,在 0.7—0.3 之间为中,在 0.3 以下为难。

(二)使用 excel 进行题枝编写。首先,应该做到形似。可以使用 excel 进行题枝编写,使用"=LEN( )"函数能准确计算选项的字数。然后,做到神似。原创模拟题的考查思维应该尽量接近真题,必须关注真题的底层逻辑。使用 excel 进行题枝编写不仅能提高效率,还能让详细答案的编写与选项对应。

(三)提倡原创。一份试卷包括问卷、答卷、答案、多项细目表,自己命制出来的试卷更能适应具体的教学需求,能更精准地设置考查方式和考查的知识点,能提高复习效率,让教学更有针对性。自己命制的试卷不仅可以用作考试,还可以参加命题比赛,向有关杂志投稿。如果能够分享交流,一定可以增加自己的成就感。所以许多学校都在举办原创命题比赛活动。比如笔者起草的命题比赛细则:

2022 年命题比赛细则(节选)

一、命题原则

1.导向性。以新课标和 2021 年中高考真题或市中高考的模拟题为命题依据,命题应具有较高的信度、效度,必要的区分度。

2.规范性。评价目标明确,命题科学规范、难度适中;试题严格遵从义务教育、普通高中课程标准的培养目标,严格按照中高考考试说明规定的内容、结构和题型要求编写;题目、题干简洁,参考答案规范,不能出现科学性错误。

3.创新性。试题内容与形式具有创新性,题目原则上要原创,个别题目可以改编,杜绝抄袭;题目设计与答案设置具有可界定性、开放性,体现新课程理念。

二、命题竞赛内容及要求

1. 试题结构、题量、时间

初中教师参考 2021 届自治区初中毕业生学业水平测试卷的结构、题量、时间。

高中参考高考 2021 年全国乙卷的结构、题量、时间。

非中高考科目参考市教研中心的期末统考试卷的结构、题量、时间。

2. 命题范围

中高考科目的范围是新课标和高考评价体系规定的范围，非中高考科目为新课标规定内容或课程开设的实际内容。

3. 具体要求

（1）题目难易程度要适当，遵循由易到难的原则，难度系数控制在 0.5—0.7 左右。命题内容一定要体现学生的主体地位，适合近年中高考新形势。

（2）每份参赛命题应包含：试题、答案、答题卡、多项细目表，放在一个文件包内，试卷上不出现命题人姓名。电子文档统一采用 B4 纸排版，页边距均为 2 厘米。标题为宋体二号字，小标题用宋体五号加粗，正文为宋体五号字，图表大小适中，单倍行距，横线答题需 2 倍间距，页码在下居中，满页码排版。试题文件中每个小题的后面应用红色文字注明该题是原创还是改编或是选用的现题（原创的注明"[原创]"，改编的注明"[改编自×××资料×××页第×题]"，选用现题的注明"[选自×××资料×××页第×题]"）。试题要求一定要有前瞻性、创新性、新颖性。答案文件中除给出参考答案外，还要有规范详细的评分标准和必要的解题说明，每一题的参考答案后应用红色文字标注该题考查的知识点（如："[×××章节×××知识点]"）。

（3）试卷要注意严格保密。

（四）争取参与中考、高考阅卷。能近距离地了解中高考评分标准的细则，在大家都能看到的评分标准的基础上，阅卷时每道题都有更具体的评分细则。教师通过阅中高考卷的历练，一定能够促进自己的命题水平和教学水平的提升。

第五讲　课题研究篇:中学语文教师专业发展的深耕地

对中学语文教师来说,不从事教学研究就难以成为优秀教师,不从事教育科研就难以成为卓越教师。教学研究一般有三个层次,第一个层次为问题反思,第二个层次为专题探索,第三个层次为课题研究。问题反思和专题探索特别需要自觉。如果选择做整个学校层面的或县级、市级、省级课题,就会有相关的教研部门专家管理指导,这样可以减少许多课题研究的盲目性。对中学一线语文教师来说,比较合适做以一学年为期限的小课题。

中学一线语文教师在课题研究中一般会出现三大问题:不想做——不明白小课题研究的意义;不会做——没掌握小课题研究的方法;做了不知如何展现——不了解小课题研究成果的呈现方式。下面,具体谈谈小课题研究的常识和策略。

一、小课题研究的定义及特点

(一)小课题研究是一种源于实践、服务实践、在实践中研究的课题研究,是一种低起点、低要求、低重心的草根研究。研究者可在已有的成功经验或迫切需要解决的教育教学实践问题中,选择研究范围比较微观、研究内容比较具体、研究切口比较小、研究周期比较短,容易操作并且有兴趣、有能力完成研究任务的课题进行研究。小课题研究的关键词:研究自己,自己研究,为自己研究。

(二)小课题研究的特点可概括为:小、近、实、活。"小"主要是指选题内容和范围,从小事、小现象、小问题入手,关注的甚至是问题的"某一点",以及某个细节;研究难度小,周期比较短,参与一个课题研究的人员比较少;方法简单、容易操作、见效快。"近"主要是指研究内容贴近教学,结合实际;教师既是责任主体,也是利益主体。"实"主要是指从实际出发、量力而行,教师亲自研究解决个人教育教学中出现的真实问题;是教师自发进行、自我负责的"常态化"研究行为,不是给别人研究的、不是别人让研究的。"活"主要是指选题自由、方法灵活,研究行动自主、人员组合自由,时间长短皆可,成果形式多样。

二、小课题研究的意义及作用

1. 小课题研究的意义。在新课标、新教材、新高考深入实施的大背景下,在和谐高效课堂建设、区域推进差异教育、教育均衡化发展的潮流中,中学语文教学还需要解决许多问题,进行教育科研是解决问题的有效途径。小课题研究具有"短、平、快"的优势,所以开展小课题研究具有重要的现实意义。

2. 小课题研究的作用。开展小课题研究有利于解决实际问题,通过自己研究、研究自己,最后创造新的自己;有利于积累研究经验,在"做"中学习并熟悉课题研究的基本程序和方法,逐步学会通过规范地做课题来解决实际问题,从中获得科研的归属感;有助于提高科研能力,用科研的眼光看问题、用科研的思维想问题、用科研的方法解决问题。

三、小课题研究的实施

虽然小课题研究的题目小,选题范围小,但是整个研究过程及其管理还是要遵循教育科研的基本程序和规范。小课题研究的基本思路是:选择一个问题、建立一个课题、确立一个目标、实施一项研究、形成一个成果。

（一）如何选题

至少要从"价值度、可行性"两个方面做必要的分析论证：

1. 要考虑是否有价值：于"我"是否有价值，是否解决实际问题，解决的是不是最突出的问题，即要有属己性、实践性和应用性。

2. 必须立足于"小而精"：选择那些自己（或同备课组的老师）有能力驾驭，能搞得了、搞得好的具体实在的题目。所谓"搞得了"，是指要充分考虑主客观条件；所谓"搞得好"，就是注意选择自己有较多经验积累，或自己在某些方面有一些成果而研究尚不深入的问题进行研究。

（二）课题的来源

源于自身教育教学实践的问题，一般有三种类型：

①直接性问题，是明显存在，需要我们直接面对，而且必须加以解决的问题。

②探索性问题，是教师不满足于现有的工作状况，想进一步提高自身能力、提高工作质量的探索研究；或者是将教育理论、教育观念、教育成果转化为具体的教学实践活动时所遇到的问题。

③反思性问题，是具有"问题意识"的教师，为提高自己的工作能力和专业水平，通过对自己教育教学行为的回顾和检讨发现的问题。这当然包括成功的经验、失败的教训等。例如对"和谐高效对话型"课堂建设的反思，要"解决无效→实现有效→达到高效"就需要全面、深入地反思，找到问题，找准问题。

直接性问题具有"即时"性，探索性问题具有"前瞻"性，反思性问题具有"顾后"性。小课题研究可以使教师的工作一直处于一种积极主动的状态，在连续的时间中开展持续的研究，使教师自身的素质和能力得到持续性的提高。

（三）关于"题目"

1. 重视"题目"问题：确立一个合适的小课题研究题目，这是非常关键的一步，是对整个小课题研究目的、方向、内容、重点、方法的把握。题目含糊不清，那就意味着研究方向不明、研究内容不清、研究重点不准。

2. 拟题容易出现的问题。

【问题1】题目范围过大，涵盖的研究内容过广，不是几个人能在短期内研究解决的问题。例如，"如何提高课堂教学效率的研究"这个题目过大，可以改为"提高九年级语文讲读课教学效率的策略研究"。

【问题2】句式不规范：其一，没有运用简洁而肯定的语句，点明要研究的重点或者要解决的问题。例如，"让复述不再是背诵研究"可修改为"增强复述的情趣性研究""提高复述口语化研究"等。其二，说半截话，表述意思不完整。例如，"培养中学生阅读习惯"可修改为"培养七年级学生良好的阅读习惯的研究"。

【问题3】文字表达有问题：其一，表述不具体、不到位，无意间扩大了内涵和外延，增加了研究的难度。例如，"中学语文朗读研究"可修改为"培养中学生朗读兴趣的研究"。其二，表达不够精练。例如，"初中语文提高课堂教学实效性的教学策略研究"可修改为"提高初中语文课堂教学实效的策略研究"。

【问题4】逻辑有问题：一是前后句逻辑关系颠倒，研究重点不明确。例如，"构建主题课堂，实施主题阅读研究"可修改为"实施主题阅读，构建主题课堂的研究"。二是逻辑关系不清，关键词前后交叉并存。例如，"对中学生厌学与不写作业问题原因探析与解决对策研究"可修改为"中学生不写作业的原因分析与解决对策研究"，应确定一个明确的问题进行研究。

3.确定题目注意的两个问题：一是注意词，即要确定好关键词。一个标准的课题题目往往包含五个关键因素：方向、范围、内容、重点、方式或方法。研究范围、对象要界定清楚，研究内容与重点要明确，关键词要提炼准确，整个题目的表述做到意思完整、语言简洁，即体现明确、准确、完整、简洁四个基本特点。二是注意句，就是要采用表述肯定意思的陈述句。小课题的题目不同于文学类文章的标题，可以艺术化、情趣化、意境化，也不同于阶段性成果（如论文、案例）的标题，可以在体现研究主题的副标题上面加上一个有助于提高阅读兴趣的语言活泼的正标题。因此，建议不采用"走进文本""切近生活""我能行"等口号（倡导）式题目，尽可能不采用"让学生不惧怕作文"等祈使句式。

（四）小课题研究方案的制订

研究方案一般包括以下四个部分：一是提出问题（即说明要研究的问题）。针对什么实际问题确立了小课题？研究这个小课题有什么实际意义？二是研究内容（明确研究的内容）。界定题目中的关键词，即研究的内容、重点、范围、对象等。三是研究实施（怎样实施研究）。包括起止时间的规划，最好安排到周次，明确结束的时间；明确每段时间内要完成的研究任务，分别采取什么方法。比如，先调查（调查法）→然后反思设计（思辨法）→接着实践行动（行动法）→最后总结反思（经验总结法）。四是成果及形式。包括过程性成果（如论文、教学设计、课例、案例、教学反思、教育叙事等）和最终成果（如《××研究报告》）。

（五）研究方法

研究方法一般包括文献研究法、行动研究法、观察法、实验法、访谈法、问卷调查法等等。中学语文教师使用频率最高的是行动研究法。行动研究是由教师通过自身的实践进行研究，这种研究立足于实践者自己的反思,通过反思谋求变革、改进工作。其特征为由行动者研究、为行动而研究、在行动中研究。教师自己成为研究者,通过全程参与式方法,记录行动过程(包括写反思),解决实际问题。

(六)研究过程中需要强调的几个问题

1. 研究方案的必要修订与调整。研究方案不可能一蹴而就,必须随着研究的不断深入随时补充调整。只有进入实践的层面,我们才会更清楚地认识问题,更深刻地理解问题,更直接地找到解决问题的方法。研究方案与研究一定是有差距的,需要在研究过程中不断完善,所以修订与调整是必要的,而且这个环节也应该伴随研究过程的始终。

2. 广泛学习先进的理论,虚心借鉴别人的成功经验。如果说我们的小课题研究有什么"捷径"可走的话,那么就是"学习教育理论,借鉴别人经验"。任何一项研究都要有理论做指导、做支撑。把学习理论、探索实践和持续反思紧密结合起来,我们的研究就不会迷失方向,且又有实际效果。

3. 贯穿始终的思考分析。教育科研的本质是促进思考。研究也好,探索也好,都是伴随或者说是依赖思考的。也可以说,没有思考就不可能有真正的教育科研。

4. 原始(过程性)材料(档案)的收集整理。包括整个研究过程的"前期准备、过程性工作、后期跟进"等原始的、翔实的文本、图片、影像等资料。要注意坚持"及时、细致、真实、全面"的原则。

(七)小课题研究成果

1. 成果内容:研究成果包括显性成果和隐性成果。

(1)显性成果。从教师层面讲,是指在"教"的领域,教师采取的解决问题的方法、策略、措施,教师总结的典型经验、有效做法,等等。从学生层面讲，是指在"学"的领域，能够看得见的学习行为改善、态度的优化、学习成绩的提高、班级面貌的改观，等等。还可能是学校管理效益的提高，领导、教师、学生之间人际关系的改善等。课题成果具体包括在研究过程中公开发表的属于成果性的论文、专著、教学设计、课例、研究报告，总结出的典型经验等，以及其在教育教学实际工作中的实践运用。

（2）隐性成果。例如：教师的素养、学识、思考能力、方式方法等一些难以量化、难以物化方面的提高；学生素质结构的优化，兴趣、动机、精神面貌的变化，良好行为习惯的养成；学校教育教学质量的综合提升；等等。这些才是最终的、最有价值的研究成果。

2. 成果形式：就成果形式而言，小课题研究成果可以用课例、教学反思、案例、调查数据等来呈现。从严格意义上讲，最终的成果呈现形式，最好还是完整地、有条理地将上述在研究期间形成的阶段成果进行汇总，最终以小课题研究报告的形式来呈现。课例、经验、反思、教育叙事等阶段成果形式与最终成果形式如同"珍珠"与"项链"的关系。

（八）小课题研究报告的撰写

开题报告要侧重说明"为什么"的问题，研究方案要侧重说明"怎么办"的问题，结题报告要强调"什么结果或结论"的问题。研究报告一般包括以下方面：一是研究题目；二是为什么要研究；三是怎样进行研究。结题报告内容一般包括：课题提出的背景，课题研究的意义，课题研究的理论依据，课题研究的目标、主要内容，课题研究的方法、步骤、过程，课题研究成果、结论，课题研究存在的主要问题及今后的设想等。

下面，附实施方案、结题报告各一篇：

附录1

"新课程背景下中学语文古诗词有效教学模式研究"实施方案

新疆乌鲁木齐市第十九中学　刘红

一、研究背景

（一）弘扬民族文化的需要

博大精深的中华优秀传统文化是我们在世界文化大潮中站稳脚跟的根基。我们认为古典诗词是我国优秀传统文化的精髓之一，需要我们基础教育工作者肩负传承重任，探索有效教学途径。

（二）新课程标准的需要

古诗词教学是中学语文教学的重要组成部分。《普通高中语文课程标准（实验）》指出："高中语文课程必须充分发挥自身的优势，弘扬和培育民族精神，使学生受到传统文化的熏陶，塑造热爱祖国和中华文明、献身人类进步事业的精神品格，形成健康美好的情感和奋发向上的人生态度。"课标还明确提出古诗词的教学目标和实施要求等。

（三）我校发展的需要

我校作为新疆维吾尔自治区普通高中示范学校，急需提高教育教学质量，急需提高课堂教学效率，这就需要建构有效课堂教学模式。本课题是构建有效课堂教学模式的一个重要探索。我校还是"自治区精品课程基地校"，而精品课程之一就是"唐诗宋词教程"。

（四）我校语文教师的专业发展需要

为了促进我校语文教师的专业化发展，我们以"新课程背景下中学语文古诗词有效教学模式研究"作为抓手，开展系列校本教研和课题研讨活动，来促进我校语文教师教学水平的提高。

二、研究意义

新课程背景下中学语文古诗词有效教学模式研究，不仅仅是个理论研究层面的问题，更是行动研究的实践问题。本课题主要进行"弘扬传统文化精髓，推进古诗词有效教学模式构建，提高中学语文教学质量"的行动研究，有如下意义：

（一）转变教师的教学理念和教学行为

本课题通过研究古诗词不同课型的有效教学，建构古诗词有效教学课堂的不同模式，提高古诗词课堂教学的效率与效益，可以促进教师的教学理念的提升和教学行为的改善。

（二）转变学生学习方式

在不同课型的古诗词有效教学模式的课堂上，用热情和兴趣点燃智慧，让学生以饱满的精神状态积极参与课堂教学活动；以学生为主体，促成学生的合作学习，提升学生的探究意识；通过充分的师生互动，丰富学生的古诗词积累，让学生学会并自觉地在已有的经验基础上建构自己的知识框架和能力体系，提高学生的古典文学修养和语文综合素养。

（三）尝试建构古诗词有效教学评价指标体系

掌握古诗词有效教学的评价标准，能够灵活地根据具体的课型和教学内容调整评价指标，科学地将定量与定性、过程与结果有机地结合起来，全面地评价学生的古诗词学习成效和教师的古诗词教学实效。

（四）推进我校中学语文学科建设，提高我校教师的整体素质和业务水平

通过本课题研究使实验教师自觉地变奉献型为效益型、职业型为事业型、"教书匠"为准教育专家，力求成长为优秀教师和区市

级学科带头人、骨干教师、优秀青年教师、教学能手等。

我们乌市十九中是自治区级示范性高级中学,我们选择这个课题,试图使语文学科的教与学水平有一个有效的提升,把我校的语文学科建设成特色学科,促进我校校本教研的发展。

三、研究目标及重点、难点

(一)本课题研究的目标

通过本课题的研究,进一步丰富古诗词的课堂教学理论,探索古诗词教学不同课型的有效教学模式,解决古诗词教学效率不高的教学现状,培养学生对古诗词学习的浓厚兴趣,力求为我校语文教师提供丰富全面的古诗词教学不同课型的有效教学模式的典型课例,推动我校的"精品课程"建设。

通过本课题的研究,激发我校语文教师参与教科研的热情,促进我校语文教师的专业发展,提高我校语文教学课堂效率,提高我校语文学科的教学质量,推动我校教学研究水平的提高,服务水区和乌市乃至自治区的中学语文课堂教学。

(二)本课题研究的重点和难点

本课题研究的重点是中学语文古诗词有效教学的不同课型以及不同课型的有效教学模式研究;研究难点是中学语文古诗词教学不同课型的提炼和与之配套的有效教学模式的提炼。

四、研究基本内容和创新之处

(一)本课题研究的基本内容

中学语文古诗词教学不同课型的有效教学模式研究的文本范围为人教版必修五本书的古诗词内容、人教版《中国古代诗歌散文欣赏》的前三个单元古诗词内容以及高考语文古诗词专项复习内容。

中学语文古诗词教学不同课型的有效教学模式研究的"不同

课型"，根据师生教学活动特征分为"欣赏品析课型""朗读指导课型""背诵积累课型""质疑讨论课型""以读促写课型""练习讲评课型""专题复习课型""自读交流课型"等，本课题根据古诗词的"不同课型"研究提炼各课型的有效教学模式。

（二）本课题研究的创新之处

国内研究古诗词教学策略方法的比较多，研究阅读教学模式的比较多，研究有效教学的比较多，但把古诗词教学不同课型的研究与有效教学模式结合起来研究的很少见。

五、研究的理论依据

我们的课题题目是"新课程背景下中学语文古诗词有效教学模式研究"，包含着"新课程背景下""中学语文""有效教学模式"等关键词，由此我们在研究过程中必须遵循以下理论依据：

（一）高中语文课程标准的古诗词教学相关理念

《普通高中语文课程标准（实验）》要求："阅读优秀作品，品味语言，感受其思想、艺术魅力，发展想象力和审美力。具有良好的现代汉语语感，努力提高对古诗文语言的感受力。""学习鉴赏中外文学作品，具有积极的鉴赏态度，注重审美体验，陶冶性情，涵养心灵。能感受形象，品味语言，领悟作品的丰富内涵，体会其艺术表现力，有自己的情感体验和思考。努力探索作品中蕴涵的民族心理和时代精神，了解人类丰富的社会生活和情感世界。""在阅读鉴赏中，了解诗歌、散文、小说、戏剧等文学体裁的基本特征及主要表现手法。了解作品所涉及的有关背景材料，用于分析和理解作品。""学习中国古代优秀作品，体会其中蕴涵的中华民族精神，为形成一定的传统文化底蕴奠定基础。学习从历史发展的角度理解古代作品的内容价值，从中汲取民族智慧；用现代观念审视作品，评价其积极意义与历史局限。"

（二）古诗词教学相关理论

鉴于古诗词的特点和课标要求，以及古诗词教学现状分析，建议运用"诵读—入境—涵泳"的策略从意象、语言、情感、手法等方面来切入诗歌教学。

（三）有效教学模式相关理论

我们认真阅读了余文森老师编著的《有效教学的理论和模式》一书，在书中学习到夸美纽斯、赫尔巴特、杜威、布鲁纳等名家关于有效教学的理论，也了解到改革开放以来我国的几种有效教学模式和近年来产生较大影响的有效教学案例，我们会以这些有效教学模式理论为指导。

六、研究思路和方法

（一）研究思路

1. 理论学习

深入学习习近平总书记有关讲话精神，深入领会以习近平同志为核心的党中央关于国家文化发展战略及青少年教育的重要思想的精神内涵，坚定立德树人的信念。

深入学习与古诗词教学不同课型的有效教学模式研究有关的报刊内容，为课题组进一步研究提供理论支撑。

给课题组老师推荐的书目有《唐宋诗名篇鉴赏》《有效教学》《教学模式》《古诗趣说》《中国诗歌》《古诗十九首与建安诗歌研究》《中国比较诗学》《诗词写作入门》等。课题组已查阅并下载了大量文献资料，并进行了分类整理，且已开始将它们运用到课题组成员的理论学习中。

课题组成员图书馆周煜晴馆长建立"十九中学教师阅读推广"微信群，在平台上交流阅读心得。每位老师每学期交一篇和课题研究有关的理论学习读书心得。

2.明确的研究方向和分工

我们明确了每位实验教师的研究方向：王晶——"欣赏品析课型"，杨阳——"朗读指导课型"，周晨羲——"背诵积累课型"，刘红——"质疑讨论课型"，王国霞——"以读促写课型"，李娜——"练习讲评课型"，李媛、杨凯——"专题复习课型"，夏江兰——"自读交流课型"等。

我们课题组核心成员进行了明确的分工，有的负责设计调查问卷，有的负责理论资料的搜集与整理工作，有的负责不同课型有效教学模式的案例编写工作。

我们课题组拟开展研究活动近4年，所有课题实验教师均为一线教师，有充分的上课观课议课、课题研究时间和交流时间以及充分的研究条件。

3.课堂教学实验

(1)梳理出了研究的文本内容和数量：高中语文古诗词教学不同课型的有效教学模式研究的文本范围为人教版必修五本书的古诗词内容(22首)、人教版《中国古代诗歌散文欣赏》的前三个单元古诗词内容(30首)以及高考语文古诗词(200多首古诗词)专项复习内容。

(2)每位教师要对各种课型的有效教学模式开展研究探索活动，但要重点突出研究方向分工的课型的研究探索和提炼工作。

(3)每位教师每学期都要上一节课题公开研讨课，课前要做好集体备课工作，还要积极参与观课议课活动。

(4)每位教师在平时的教学中都围绕自己的研究方向，通过研究教材—集体备课—上课(观课)—议课(反思)摸索该课型的有效教学模式，形成论文或课例，期末上交课题组。

4.其他工作

（1）每学年召开课题组年度工作会，安排本年度的研究工作。

（2）结合备课组活动、教研组活动，开展课题研讨活动。

（3）积极参加各级培训，特别是水区和市教研中心的语文教研活动，来开阔视野。

（4）确立核心实验教师——王国霞、李娜、杨凯、王晶，在各项研究活动中起引领作用。

（5）整理阶段性电子档案，每次活动保留过程性资料，比较大型的活动还应该有活动方案和活动总结等。

（6）注重收集阶段性成果，如论文、教学设计、课堂实录、教学反思、课例研究报告、课题公开课录像、课件等。

（7）做好课题年度研究阶段性小结工作。

（二）研究方法

1. 调查法

在研究前、中、后期采用问卷、谈话、古诗词诵读和鉴赏竞赛、古诗词默写大赛等方法进行调查，为研究提供科学依据。

2. 文献资料法

广泛搜集和查阅古诗词教学有关的文献资料，吸收全国其他学校在中学阶段古诗词有效教学方面的宝贵经验和研究成果。通过整理、筛选，为课题研究提供科学的论证资料、研究方法和实施借鉴，使本课题的研究与实践有更高的起点。

3. 经验总结法

做好古诗词教学课例的积累，收集古诗词教学的第一手资料，通过观课议课，分析综合，对中学语文古诗词教学不同课型的有效教学模式进行总结和提炼。

4. 行动研究法

根据中学古诗词教学不同课型的研究计划，结合中学语文古诗词教学的现状,结合上课观课议课的教学实践,以典型的中学语文古诗词不同课型的课堂教学模式研讨课例为素材,通过实验教师的共同合作,具体分析、解剖、反思,在科学的理论指导下寻求古诗词教学不同课型的有效教学模式构建,有步骤地开展行动研究。

5. 案例研究法

通过实践探索与研究,不断总结中学古诗词教学不同课型有效教学模式的典型案例,进行不断的反思、验证,真正提高古诗词教学课堂效率和古诗词教学课题研究效率。

七、研究步骤

本课题的研究周期拟定为4年,研究阶段为四个阶段。

第一阶段(申报阶段):2016年3月—2016年4月,申报立项。

第二阶段(准备阶段):2016年5月—2016年9月,撰写开题报告,设计课题方案。

第三阶段(研究阶段):2016年10月—2019年8月,大约有六个学期。按既定的方案组织实施,开展各项研究活动,并分阶段对课题实施情况进行检查、评估,不断完善实施方案,改进研究与实验工作。

第四阶段(总结阶段):2019年9月—2019年12月,撰写结题报告,整理论文、案例、课件、影像资料等课题成果,接受专家组审查鉴定。

八、课题研究的成果形式及呈现方式

(一)阶段成果形式

第一阶段:课题申报表等。

第二阶段:开题报告、课题方案等。

第三阶段:论文、教学设计、课堂实录、教学反思、课例研究报告、课题公开课录像、课件、阶段小结等。

第四阶段:优秀教师论文集、优秀教学设计集、优秀课堂实录及观课议课光盘、课件汇编、教学实践活动图片、结题报告等。

(二)最终成果形式

专著《中学语文古诗词教学不同课型的有效教学模式研究成果汇编》、结题报告等。

九、科研团队成员

学术指导:王耀芳　康金娥

主持人:罗群雁　刘红

主研人员:刘红、周煜晴、李娜、王国霞、周晨羲、夏江兰、王晶、李媛、杨阳、孙惠梅。

注:本文被收录在首都师范大学出版社出版、王嵩涛主编的《中华优秀传统文化与现代语文课堂教学实践研究》一书中。

附录2

新课程背景下中学语文古诗词有效教学模式研究
课题结题报告(节选)

新疆维吾尔自治区乌鲁木齐市第十九中学

结题报告执笔人:刘红

一、本课题研究的主要内容

(一)梳理教学内容

中学语文古诗词有效教学模式研究的文本范围为人教版必修五本书的古诗词内容、人教版《中国古代诗歌散文欣赏》的前三个单元古诗词内容以及高考语文古诗词专项复习内容。

研究涉及的具体古诗词如下:

1. 必修二第二单元(7首)

《氓》《采薇》《〈离骚〉节选》《孔雀东南飞(并序)》《涉江采芙

蓉》《短歌行》《归园田居(其一)》

2.必修三第二单元(7首)

《蜀道难》《秋兴八首(其一)》《咏怀古迹(其三)》《登高》《琵琶行(并序)》《锦瑟》《马嵬(其二)》

3.必修四第二单元(8首)

《望海潮(东南形胜)》《雨霖铃(寒蝉凄切)》《念奴娇·赤壁怀古》《定风波(莫听穿林打叶声)》《水龙吟·登建康赏心亭》《永遇乐·京口北固亭怀古》《醉花阴(薄雾浓云愁永昼)》《声声慢(寻寻觅觅)》

4.《中国古代诗歌散文欣赏》第一单元(10首)

《长恨歌》《湘夫人》《拟行路难(其四)》《蜀相》《书愤》《咏怀八十二首(其一)》《杂诗十二首(其二)》《越中览古》《一剪梅》《今别离(其一)》

5.《中国古代诗歌散文欣赏》第二单元(10首)

《春江花月夜》《夜归鹿门歌》《梦游天姥吟留别》《登岳阳楼》《菩萨蛮(其二)》《积雨辋川庄作》《旅夜书怀》《新城道中(其一)》《扬州慢》《长相思》

6.《中国古代诗歌散文欣赏》第三单元(10首)

《将进酒》《阁夜》《李凭箜篌引》《虞美人》《苏幕遮》《国殇》《燕歌行》《登柳州城楼寄漳汀封连四州》《菩萨蛮》《般涉调·哨遍高祖还乡》

高三古诗词专项复习会涉及课外诗歌120首左右。统编教材的古诗词选文和现在正在使用的人教版教材的古诗词选文关系紧密。

7.统编教材必修(上册)第三单元(三课8首诗)

《短歌行》《归园田居(其一)》《梦游天姥吟留别》《登高》《琵

琵行(并序)》《念奴娇·赤壁怀古》《永遇乐·京口北固亭怀古》《声声慢(寻寻觅觅)》

8.古诗词诵读

《静女》《涉江采芙蓉》《虞美人(春花秋月何时了)》《鹊桥仙(纤云弄巧)》

由此,我们深感我们的课题研究对新课改的推进,意义重大。

我们把中学语文古诗词教学不同课型的有效教学模式研究的"不同课型",根据师生教学活动特征分为"欣赏品析课型""朗读指导课型""背诵积累课型""质疑讨论课型""以读促写课型""练习讲评课型""专题复习课型""自读交流课型"等,本课题根据古诗词的"不同课型"研究提炼各课型的有效教学模式。

(二)本课题研究的创新之处

国内研究古诗词教学策略方法的比较多,研究阅读教学模式的比较多,研究有效教学的比较多,但把古诗词教学不同课型的研究与有效教学模式结合起来研究的很少见。

二、课题研究的步骤及过程

本课题的研究分为四个阶段。

1.申报阶段(2016 年 3 月—2016 年 4 月)

完成工作:认真填写了课题申报表,申报立项。

2.准备阶段(2016 年 5 月—2016 年 9 月)

完成工作:完成了课题开题报告。在理论学习、集体讨论的基础上,确立了课题研究内容,明确了研究思路。就课题研究的目标、方法和过程请教有关专家,根据专家老师的指导意见,我们对课题的开题报告做了调整,并进行课题组专题培训。制订详细的课题实施方案,进行访谈等活动,研究了古诗词教与学现状,收集了大量理论依据资料。

3. 研究阶段(2016 年 10 月—2019 年 8 月)

大约有六个学期。按既定的方案组织实施,开展各项研究活动,并分阶段对课题实施情况进行检查、评估,不断完善实施方案,改进研究工作。具体做了以下工作:

(1)古诗词不同课型的有效教学模式研究的具体过程:我们采用同课多轮、同课异构、同课同构等研究方式,围绕"如何提高中学语文古诗词教学质效"的问题的解决展开研究。通过古诗词不同课型的有效教学模式研究活动,我们的古诗词教学课例研究不断得到丰富和完善,成为这一研究问题解决过程的记录,成为今后借鉴、学习和研讨的对象,成为帮助自己和他人提升教学能力的"助手"。

我们"同课多轮"古诗词教学研究的具体过程如下:

第一轮研究(原行为阶段)——分为"教学设计—课堂观察—反馈会议"三个基本步骤,即每位教师自己独立进行设计,上研究课,全程录音、录像,然后召开反馈会议,对这位教师的教学过程进行反思,找出存在的主要问题。

第二轮研究(新设计阶段)——仍分为"教学设计—课堂观察—反馈会议"三个基本步骤,先由实验教师围绕要研究、解决的课型模式提出设计思路,接着参与课例研究的教师发表意见,提出建议,上第二次研究课,参与研究的全体成员听课、观察,然后召开反馈会议,对这位试点教师第二次公开课的教学过程进行反思,寻找设计与现实的差距,提炼不同课型的教学模式。

第三轮研究(新行为阶段)——参照第二轮的步骤,上第三次研究课,进一步调整教学行为,规范古诗词不同课型的有效教学模式。

各种方式的古诗词教学研究都离不开课堂观察:

我们采用了自治区教科所的王耀芳老师提供的观察量表并采

用了如下观课方式:

互助式观课:一种横向的同事互助指导活动。步骤:双方在课前共同商定好课堂观察的主题和重点;观课者做好课堂观察和记录,记录下课堂里发生的真实情况以及自己的思考;开展课后讨论,讨论要针对主题和要点,问题一定要具体;后续行动,上课教师要把改进措施实施到后续课堂教学活动中。这种观课形式贯穿整个研究过程。

邀请式观课:上课教师主动邀请同行或专家听课。如果说,互助式观课侧重于问题诊断,那么邀请式观课则侧重于成果鉴定。步骤:上课教师公布自己的上课内容和研究主题;填写邀请卡,向其他教师发出邀请;观课教师认真阅读相关资料;观课教师进入课堂现场观察,并针对研究主题做出相对规范性的评价。比如,我们的课题结题汇报课就邀请了新疆各地的国培班的老师和水区的康老师来观课,提意见和建议。

反思式观课:教师成为观察自己课堂的主人。这种课例研究模式是借助录像来进行的,由授课教师自己反复观看,进行课堂教学行为的剖析。这种观课形式贯穿整个研究过程。

我们古诗词教学研究的重点和难点就是在阅读课教学中透过现象看本质,从而提高教学质量,提升每个青年语文教师的专业化发展水平,促使经验型语文教师向专家型语文教师的转化。

(2)我们古诗词不同课型的教学模式研究已提炼出八种不同课型的有效教学模式。我们顺利完成了乌市教研中心对本课题的中期验收,完成了中期验收汇报稿和 ppt 的制作。市教研中心岳学贤主任作为评审指导专家,就课题研究的目标、方法和过程做了详细的指导。根据岳主任等专家的指导意见,我们对课题研究的实施方案做了调整,促进了我们课题研究的顺利实施。

（3）认真开展专家培训学习活动。在此阶段我们除了聆听水区教研室康金娥老师的课题专题培训外，还参加了 2019 年 7 月在辽宁盘锦举办的课题研讨会，在 19 中、31 中余映潮中学语文名师工作室第三次培训活动中，余映潮老师对我们的古诗词教学进行了专题培训。

4. 总结阶段（2019 年 9 月—2019 年 12 月）

整理了论文、案例、课件、影像资料等课题成果，接受专家组审查鉴定。汇总各项资料，总结各项成果，完成了电子版的《"新课程背景下中学语文古诗词有效教学模式研究"课题成果集》。

撰写了结题报告，填写了"课题成果鉴定申请·审批书"，接受专家组审查鉴定。

三、本课题研究的成果

提炼了古诗词八种课型的有效教学模式，积累了一整套较为典型和丰富的课例，积累了中学语文古诗词教学提高质效的一些方法和策略，为以后的中学语文古诗词有效教学提供了可参考的经验。

（一）学生发展成果

1. 提高了学生学习古诗词的兴趣

由于教师主动转变学生观，设计有关古诗词教学的各种课堂活动，学生主体性发挥比较好，绝大部分学生对古诗词学习不再视为畏途，相反，兴趣日渐浓厚。

2. 提升了学生的语文素养

语文课程标准指出："语文课程应致力于学生语文素养的形成与发展。"这是语文课程的基本功能和主要任务。语文素养是一个综合性的概念，包括语言建构与运用、思维发展与提升、审美鉴赏与创造、文化传承与理解，也包括"知识与能力""过程与方法""情感、态度与价值观"三个维度的内容，内涵十分丰富。具体地说，它以语文听说读写能力为核心,是语文知识、语言积累、情感体验、行为态度、思维能力、学习方法、学习习惯、研究能力等的融合。古诗词教学不同课型的有效教学模式的研究,把这一切要素都串联了起来。

3. 学生的成绩提高了

通过古诗词不同课型的有效教学模式的研究,提高了语文古诗词教学的质效,最直接的表现就是学生的成绩提高了。

(二)教师发展成果

1. 推进了古诗词教学的改革

研究之前,学校教师大多采用古诗词教学的传统教学模式,也为古诗词教学课堂效益低下而苦恼。研究之后,课题成员在古诗词教学中转变了理念,总结了提高语文古诗词教学质效的策略,推出了多种古诗词学习活动的设计方法,努力把课堂建设成自主合作探究的课堂,使学生在阅读实践中不断提高语文素养。

2. 老师的教学教研水平得到了提高,促进了教师的专业化发展

实验教师对古诗词教学课题的研究方法和研究过程有了更深的认识,对中学语文古诗词文本的解读能力有了提高。实验教师的古诗词教学设计能力、教学水平、写作能力也有了提高。本课题研究促进了我校语文教师的专业化发展,形成了一支具有一定教研意识、坦诚合作的语文课题研究团队。刘红、杨凯老师被水区教育局聘请为兼职教研员。刘红被聘为乌鲁木齐市中语会理事。

3. 古诗词教学的研究氛围浓厚了

主要表现有:古诗词集体备课的时间多了;互相听课的教师多了;成员喜欢上古诗词教学研究课、公开课,教师古诗词教学方面的信息交流增多;写教学反思、教研论文,制作课件,编制教学资料,上录像课、公开课的气氛比以前明显浓厚。

自开展此课题研究以来,实验教师频频获奖,全国级、自治区

级、乌鲁木齐市级、水磨沟区级的论文、教学设计、教学反思、大赛课、录像课获奖合计45人次。

（三）学校发展成果

课题研究与实施带来的最大好处是加强了我校语文学科建设，凸显了我校古诗词教学特色，有力地促进了学校教育教学改革。

现在，越来越多的语文教师成为教改的受益者，成为各级各类名优教师，从而实现了自身价值。比如，开展本课题研究以来，我校语文教师队伍中新增市级学科带头人1名，水区学科带头人1名、教学能手1名、名师工作室负责人1名、名师工作室成员3名。

四、本课题研究的结论

（一）古诗词教学可以"范"化——用有效教学模式规范教学

1. 最初开发的2017版古诗词有效教学模式

在探索古典诗歌有效课堂教学研究中，2017年我们初步归纳出了"激趣导课，引出课题—介绍背景，了解作者—自主学习，阐明诗意—诵读赏析，品析诗味（手法等）—意递融通，领悟诗情—迁移运用，形成素养"的"古典诗歌有效教学一般模式"，共六步。

2. 新开发的2018版古诗词有效教学模式

随着研究的深入，我们发现2017年的六步古诗词教学模式，虽然能规范我们的古诗词教学，但是比较烦琐，限制了我们的古诗词教学，还是比较刻板。我们的古诗词教学要活起来，就需要简化课堂环节，设计好不同课型的课堂学习活动。

（二）古诗词教学可以"细"化——将古诗词有效教学课堂分成不同课型

我们把中学语文古诗词教学不同课型的有效教学模式研究的"不同课型"，根据师生教学活动特征分为"欣赏品析课型""朗读指导课型""背诵积累课型""质疑讨论课型""以读促写课型""练习讲评课型""专题复习课型""自读交流课型"等。本课题根据古诗词的"不同课型"研究提炼各课型的有效教学模式,重点是设计不同课型的学习活动。

我们每个教师都有具体课型的研究方向和任务。夏江兰主要研究"朗读指导课型",杨阳主要研究"背诵积累课型",王晶主要研究"欣赏品析课型",刘红主要研究"质疑讨论课型",杨凯主要研究"自读交流课型",王国霞主要研究"以读促写课型",李娜主要研究"练习讲评课型",任云霄主要研究"专题复习课型"。每个实验教师在研究自己课型的有效教学模式的基础上,再研究其他课型。

(三)古诗词教学可以"活"化——通过古诗词教学不同课型的有效教学模式中的多样学习活动设计激活课堂

1.朗读指导课型的有效教学模式

此模式的教学环节为"导入新课—教学铺垫—朗读活动—小结延伸",朗读训练活动贯穿全课。

2.背诵积累课型的有效教学模式

此模式的教学环节为"导入新课—教学铺垫—背诵活动—小结延伸",背诵训练活动贯穿全课。

3.欣赏品析课型的有效教学模式

此模式的教学环节为"导入新课—教学铺垫—赏析活动—小结延伸",穿插朗读活动。

4.质疑讨论课型的有效教学模式

此模式的教学环节为"导入新课—教学铺垫—讨论活动—小结延伸",穿插朗读训练。

5.自读交流课型的有效教学模式

此模式的教学环节为"导入新课—教学铺垫—自读交流—小结延伸",自读活动贯穿全课。

6. 以读促写课型的有效教学模式

此模式的教学环节为"导入新课—教学铺垫—读写活动—小结延伸"，朗读训练活动贯穿全课。

7. 练习讲评课型的有效教学模式

此模式的教学环节为"导入新课—教学铺垫—练习讲评—小结延伸"，朗读训练活动贯穿全课。

8. 专题复习课型的有效教学模式

此模式的教学环节为"导入新课—教学铺垫—专题复习活动—小结延伸"，朗读训练活动贯穿全课。

五、课题研究的主要问题及今后的设想

(一)课题研究的主要问题

在做中学语文古诗词不同课型的有效教学模式研究的过程中，我们 10 位实验教师在亲身"做"课例的过程中，形成了针对课例的行动及行动中的思考、研讨，获得了不同程度的专业成长，我们的学生也有不同程度的收获。但我们遇到了种种困难和困惑，面临因为工作太忙，有些研究工作没有百分之百落实的尴尬。

主要问题：课题研究的范围有点大，所以在研究过程中，我们尽力将"大题化小""宽题化窄"，虽然大的框架有了，但研究不够深入透彻；虽然王耀芳老师、岳学贤老师、康金娥老师等专家先后指导过我们的课题，但实验教师的落实不够到位；实验教师均为一线教师，除两个班的语文课外，大都兼任班主任等工作，工作繁忙，用于课题研究的时间不够，许多课题研究工作是利用下班后或节假日完成的；课题研究的理论指导实践不够；从具体课题实践研究上升到理论成果不够。

这些问题都是我们后续继续开展研究的成果增长点。

(二)今后的设想

1. 我们将在原有的基础上拓展研究的深度和广度

从多方面入手,激发学生的古诗词阅读兴趣,提高学生的古诗词阅读能力,提高我校语文古诗词阅读教学的质效,继续落实好我校的"十九诗联"校本课程,组织好我校的"经典咏流传"等古诗词方面的学生活动。

2. 继续整理完善、推广课题组的研究成果

积极向各级刊物投稿,继续完善课题资源共享库和课题网络交流的建设,在我校推广课题研究成果,争取在区、市等更大的平台上推广我们的成果。

3. 课题研究成果要在日常的教学工作中坚持运用

课题仍需要专家更进一步的理论引领,实验教师也需加强对课题相关理论知识的学习和补充,这样才能站在一定的高度,理性地总结课题实验的经验和教训,在以后的教学工作中运用研究成果。

4. 继续进行有效教学等方面的深入研究

继续申报相关课题,继续为学生核心素养的培养和教师的专业发展做工作。

5. 以研究者的姿态面对以后的教学工作

我们不能仅仅为课题结题而研究,要让研究成为我们工作的一种需要,为我们的教学工作服务。我们课题的实践证明,以研究者的姿态面对每天的教学工作,继续将日常工作和课题研究工作结合起来,会提高我们工作的质效。

注:本文被收录在首都师范大学出版社出版、王嵩涛主编的《"中华优秀传统文化与现代语文课堂教学实践研究"课题结题报告》一书中。

第六讲 课程开发篇:中学语文教师专业发展的拓荒园

校本课程开发是当今世界课程改革的一种潮流,也是未来基础教育课程改革的一种基本取向。什么是校本课程呢? 校本课程是在具体实施国家与地方课程的前提下,通过对本校学生的需求进行科学评估,由学校根据国家教育方针、课程管理政策和课程计划,针对学生的兴趣和需要,结合学校的传统和优势,充分利用学校、社区的课程资源,自主开发的、多样性的、可供学生选择的课程。校本课程不是国家课程和地方课程的重复,而是针对国家课程与地方课程未涉及但学生发展需要的课程。校本课程开发与实施是当今实现教育现代化的必要途径。

第一节 如何开发中学语文校本课程

针对本校学生在语文学习方面的兴趣和需要、语文教师的特长和爱好、学校的传统和优势、当地社会的发展需求进行语文校本课程开发,以提高学校课程资源的利用率,使其为学生的发展服务,可以进一步形成学校办学特色,促进学校特色发展。

一、语文校本课程开发主体

语文校本课程的开发主体是谁? 我认为主要是语文教师。要充分利用学校语文师资优势,采取"1 加 1"开发模式,即教师除了任教语文学科,另外根据自身特长开发一种校本课程,满足学生个性发展需求。当然,学生、家长、社会也可以作为开发主体,这要视具体情况而定。

二、中学语文校本课程开发的内容

课程内容,是课程的核心。可以开发以下内容的语文类校本课程:

(一)**语文素养类**。以校本课程开发为依托,通过开发、整合、拓展、升华等方式,把语文学科素养与生活中丰富的学习资源、现代社会科技的发展相融合,构建适应学生的校本课程,以此打开学科向生活拓展的大门。这一类课程可归为学科引桥课程或学科拓展课程,如生活中常用的网络语言、古诗词在祝福短信中的运用、校园文化标语的拟定、经典演讲词鉴赏、年代大剧欣赏等。

(二)**艺术素养类**。将声乐、器乐、舞蹈、绘画、书法、雕塑等艺术欣赏、创作及实践活动和语文教学活动相结合,拓宽学生的艺术文化视野,丰富精神生活,激发对美好事物的热爱与追求,培养正确的审美观念,提高审美能力,提升艺术品位。这类课程为语文和音乐、体育、美术等课程的结合,属于跨学科课程,如课本剧编演、音乐剧编演、某校经典咏流传等。

(三)**科技素养类**。结合地理生态、动物植物、宇宙空间、资源环境、工艺技术、科学创造等问题进行有选择的探究,并形成环境调查报告、科学普及文章、小发明说明、小制作说明等,培养科学精神和创新思维习惯,掌握初步的科学研究方法,并能准确地运用口语和书面语表达。这类课程为语文和地理、生物、物理、化学等课程的结合,如馕文化的前世今生、科学专著阅读、科技小论文的写作等。

(四)**公民素养类**。结合现实生活中的社会问题以及这些问题对社会发展的影响，引导学生对经济、政治、法律、家庭、社区、民族、国家、国际等社会问题进行有选择的探究，帮助学生掌握社会调查和社会探究的方法，培养学生的人文精神和社会责任感，为适应未来社会生活奠定基础。这类课程为语文和政治、历史等课程的结合，如跟着《东方时空》写作文、家乡历史上的名人贡献调查研究等。

（五）**文化素养类**。通过诵读和研习代表民族文化精髓的诗词、散文、政论，以及校史、地方史等，了解和研究中华民族历史上的杰出人物和重大历史事件等，汲取中华民族深厚的文化底蕴，培养学生热爱祖国和家乡的情感，增强学生传承优秀传统文化、建设祖国伟业的责任感，弘扬和培育民族精神。这类课程如新疆历史上的名人佳作、某校校史文化等。

三、中学语文校本课程开发方式

根据语文校本课程开发的宗旨，学校可采取引进、部分开发、独立开发或几所学校联合开发的方式进行校本课程开发活动。不论采取哪种方式，都应充分体现学校的办学理念，实现资源利用的最优化。开发的具体形式有课程选择、课程改编、课程整合、课程补充、课程新编等。

四、中学语文校本课程开发程序

语文校本课程的开发要归属于学校整体校本课程的开发，开发程序主要包括成立组织、需求评估、确定目标、课程申报与审定、课程推介与选课、编制课程纲要等。

（一）**需求评估**。学校自行或在有关专家指导下，对学生的发展需要、学校及社区的发展需要、学校与社区的课程资源等方面进行评估。需求评估是设计校本课程时首先要做的一系列基础工作。评估的主要内容包括明确学校的培养目标及办学特色，评估学生和学校的发展需要，分析学校及社区的课程资源等。各校要采取与专家、教师、学生和社区有关人士进行访谈、问卷调查等形式，获取诊断校本课程设置的相关信息，为学校构建校本课程可能的框架结构提出建议。要充分考虑学校和社区的公共教育资源、人力资源，对学校的师资、设施、经费、器材、场地等方面的条件进行合理的分析与评估，扬长避短，量力而行。

（二）确定目标。在分析与研究需求评估的基础上，通过校本课程审议委员会的审议，确定校本课程的总目标，制定校本课程的结构。

（三）申报、审定与推介。根据校本课程的总目标与课程结构，学校制定《校本课程开发指南》，对教师进行培训，让教师自主申报课程。校本课程审议委员会根据学校课程的总目标与教师的课程开发能力，对教师申报的课程进行审议。审议通过后，编入《学生选修校本课程目录与课程介绍》，提供给学生选择。学生按照自己的兴趣、爱好和所需填报意向，每学期调整一次。选课人数达到一定的数量后，方可开课。

（四）编制课程纲要。课程纲要是教师自己对所任教的课程的一种设计。它包括课程目标、课程内容或活动安排、课程实施、课程评价等。例如：

"《论语》撷珍"校本课程实施纲要

一、课程背景

1. 为落实"立德树人"根本任务，弘扬优秀的传统文化，培养学生的语文核心素养，我校在课后服务时间，特开设《论语》撷珍"校本课，本课程是我校"书音悦韵"校本阅读课的内容之一。

2. 我校在校园文化建设中，突出了优秀传统文化内容。我校高中部的一楼大厅和校园均有孔子雕像，大厅的文化墙内容就是我校的"《论语》撷珍"校本课程的重点内容,共十五句,分别对应我校的校训"求真、向善、创美"等内容,凸显了我校的教育思想。开设本课程,有助于学生了解并认同我校的校园文化,有助于学生理解与传承优秀传统文化,有助于培养学生对祖国优秀传统文化的热爱。

二、课程目标

1.通过实施本课程,充分激发学生学习祖国优秀传统文化的兴趣,培养学生对祖国优秀传统文化的热爱之情,让学生了解我校的校训及教育思想等,培养学生对学校的热爱之情,促进我校的校园文化建设。

2.通过本课程的探索,初步了解《论语》作为重要经典的思想价值、文学价值、史料价值。尝试打通经典和学生现实生活的通道,提升学生的人生智慧。

3.通过诵读,积累经典词句,锻炼并提高学生的记忆力;通过研讨,激活并发展学生的思维力;助力学生良好学习习惯的养成和自学能力的培养。

4.通过本课程建构经典诵读的教学模式,寻找更适合学生学习经典作品的途径,培养学生的语文核心素养。

三、课程内容

"《论语》撷珍"校本课程具体教学内容设置

年级	周次	教学内容	课时	课型
七年级	1	一、介绍我校的校训"求真、向善、创美"、我校的教育思想"为学生的美好生活奠基",介绍学校高中部一楼大厅文化墙内容。 二、介绍孔子及《论语》并熟读文化墙15个名句。	1课时	起始课

续表

年级	周次	教学内容	课时	课型
七年级	2	一、学习文化墙"序篇——迎客篇"的内容 1.学而时习之,不亦说乎?有朋自远方来,不亦乐乎?人不知,而不愠,不亦君子乎? 2.为人谋而不忠乎?与朋友交而不信乎? 3.己欲立而立人,己欲达而达人。 二、学习文化墙"求真篇"部分的内容 4.知之为知之,不知为不知,是知也。 5.君子务本,本立而道生。 6.人而无信,不知其可也。大车无輗,小车无軏,其何以行之哉?	1课时	诵读＋活动课
七年级	3	一、学习文化墙"向善篇"的内容 7.三人行,必有我师焉。择其善者而从之,其不善者而改之。 8.其身正,不令而行;其身不正,虽令不从。 9.见贤思齐焉,见不贤而内自省也。 二、学习文化墙"创美篇"的内容 10.君子成人之美,不成人之恶。 11.兴于诗,立于礼,成于乐。 12.质胜文则野,文胜质则史。文质彬彬,然后君子。	1课时	诵读＋活动课
七年级	4	一、学习文化墙"尾篇——展望篇"的内容 13.士不可以不弘毅,任重而道远。 14.弟子入则孝,出则弟,谨而信,泛爱众,而亲仁,行有余力,则以学文。 15.往者不可谏,来者犹可追。 二、结合自身实际,交流分享文化墙上《论语》撷珍"五部分内容的学习心得等。	1课时	诵读＋活动＋考查课

续表

年级	周次	教学内容	课时	课型
八年级	1	学习第一《学而篇》至第五《公冶长篇》名句: 1.诗三百,一言以蔽之,曰:"思无邪。" 2.君子不器。 3.子夏问曰:"'巧笑倩兮,美目盼兮,素以为绚兮'。何谓也?"子曰:"绘事后素。" 4.君子怀德,小人怀土;君子怀刑,小人怀惠。 5.夫子之道,忠恕而已矣。 6.老者安之,朋友信之,少者怀之。	1课时	起始课+ 诵读+ 活动课
八年级	2	学习第六《雍也篇》至第十《乡党篇》名句: 7.质胜文则野,文胜质则史。文质彬彬,然后君子。 8.不愤不启,不悱不发。举一隅不以三隅反,则不复也。 9.笃信好学,守死善道,危邦不入,乱邦不居。 10.子绝四——毋意,毋必,毋固,毋我。 11.食不语,寝不言。	1课时	诵读+ 活动课
八年级	3	学习十一《先进篇》至十五《卫灵公篇》名句: 12.未知生,焉知死? 13.非礼勿视,非礼勿听,非礼勿言,非礼勿动。 14.君子敬而无失,与人恭而有礼,四海之内,皆兄弟也。 15.君子成人之美,不成人之恶。小人反是。 16.君子道者三,我无能焉:仁者不忧,知者不惑,勇者不惧。 17.志士仁人,无求生以害仁,有杀身以成仁。	1课时	诵读+ 活动课

续表

年级	周次	教学内容	课时	课型
八年级	4	一、学习十六《季氏篇》至二十《尧曰篇》名句 18.益者三友,损者三友。友直,友谅,友多闻,益矣。友便辟,友善柔,友便佞,损矣。 19.恭、宽、信、敏、惠。恭则不侮,宽则得众,信则人任焉,敏则有功,惠则足以使人。 20.不知命,无以为君子也;不知礼,无以立也;不知信,无以知人也。 二、展示特色活动成果 第一组:展示《论语》手抄报 第二组:展示《论语》硬笔书法 第三组:展示《论语》书签设计 第四组:展示《论语》背诵情况 全班:组织《论语》知识微型竞赛等活动。	1课时	诵读＋活动课＋考查课

四、课程实施

(一)课时安排

在七年级、八年级的"书音悦韵"阅读时间,各安排 4 课时的内容,每课时 1 小时,具体内容见上表。

(二)教学方法

诵读法、讲授法、品析法、讨论法、探究法等。

(三)教学一般流程

活动一:读一读。活动二:译一译。活动三:背一背。活动四(以下形式酌情选一种):谈一谈(谈学习心得)、讲一讲(讲相关故事)、演一演(演微课本剧)、赛一赛(赛《论语》相关知识)等等。

(四)特色活动形式

根据学生实际情况,教学过程中可穿插《论语》手抄报比赛、

《论语》学生知识竞赛、《论语》诵读比赛、《论语》硬笔书法比赛、《论语》书签设计比赛等活动。

（五）场地

高中部阅览室。

（六）班级规模

20—25 人。

五、课程评价

（一）评价原则

坚持发展性、合作性、反馈性等原则，注重过程性评价，注重学生的内在收获和体验。

（二）评价内容及赋分

1.参与活动的课时量与态度。（20 分）

2.课堂表现：学习过程主动，积极参与小组合作学习，能互相帮助。（20 分）

3.能保质保量完成每节课的朗读、翻译、背诵等活动任务。（20 分）

4.积极参与本课程相关活动，如分享《论语》学习心得、讲《论语》相关故事、完成《论语》手抄报、完成《论语》书签设计等。（20 分）

5.《论语》相关内容测试（笔试）。（20 分）

（三）评价方式

1.评价采用个人评、小组互评、教师评相结合，确定等级。

2.评价分为三个等级：90—100 优秀、75—89 良好、60—74 合格；采取"优秀""良好""合格"三个等级，不设"待合格"等级。

附件:

"《论语》撷珍"校本课程学生学习情况评价表

评价内容及赋分	评价等级								
	自评			组评			师评		
	优秀	良好	合格	优秀	良好	合格	优秀	良好	合格
1.参与活动的课时量与态度。(20分)									
2.课堂表现:学习过程主动,积极参与小组合作学习,能互相帮助。(20分)									
3.能保质保量完成每节课的朗读、翻译、背诵等活动任务。(20分)									
4.积极参与本课程相关活动,如分享《论语》学习心得、讲《论语》相关故事、完成《论语》手抄报、完成《论语》书签设计等。(20分)									
5.《论语》相关内容测试(笔试)。(20分)									
教师综合评价等级									

2022 年 8 月

第二节　如何实施中学语文校本课程

一、中学语文校本课程的实施需要解决的问题

(一)课程规划问题,即课程纲要的编制,包括课程目标、课程实施与课程评价等内容。

(二)课程实施问题,包括时间、内容、教师、场地等,主要形式就是选课走读。校本课程在实施过程中要充分体现学生学习活动的体验性、探索性、自主性;充分体现学习方式的活动性、实践性、综合性；充分体现教学过程的情境性、合作性、建构性；充分体现教授方式的灵活性、针对性、创造性。根据有关课程文件，正确处理好国家课程、地方课程和校本课程三类课程的关系，保证各类课程的合理比例，充分发挥它们对学生发展的不同价值。关于教学内容问题，校本课程可编写教师用书或讲义，任课教师的课程纲要和教案是最好的校本教材。还可为学生提供必要的操作材料或活动器材。

（三）课程评价问题。学校要发挥校本课程学业成绩考核评价对学生素质发展的激励功能。考核评价的内容应侧重态度与能力，考核评价一般不采用考试的方式，减少量化，多进行分析性的评价。要在学生活动的情景中评价学生，根据学生不同的表现进行个性化评价。同时，要帮助学生学会自我评价。评价的结果，初中采取等级加评语、高中采取学分加评语的方式记录。对学生校本课程的学习情况评价要纳入学生的档案管理之中。

二、中学语文校本课程实施的注意事项

（一）要有强烈的语文课程资源意识，注重教学形式的多样性

美丽的自然风光，无数的名胜古迹，多彩的民俗风情，即时性的国内外重要事件，丰富的学生生活……凡是现实中有的且适合语文课程的，都可以成为语文校本课程资源。另外，努力挖掘、开发、利用好校内的、当地的、当时的语文课程资源，把它们有计划地、及时地引入到语文教育教学中，可以大大加强语文校本课程与时代和现实生活的联系，极大地激发学生学习语文的兴趣，提高学生在生活中运用语文的能力。

要采取多种形式的语文实践活动，如开展诗歌朗诵会、诗歌接力赛、读书成果展示会、才艺大比拼、"走进大师"、"走进博物馆"等系列活动以及专题研究等，充分调动学生自主学习、自我实践、合

作探究的能力,引导学生在与人交流合作中、在自然与社会的大课堂中学会观察、思考,学会获取信息,学习恰当的表达,从而提升语文综合素养。

(二)合理利用传统优势资源,实施形式多样的语文校本课程,满足学习个体的不同发展需要

"只有民族的,才是世界的。"传统文化正是每个民族、每个地方特有的文化。为此,用好、用足当地课程资源,开发具有地域色彩的校本文化课程显得尤为必要。比如一些学校开发的西域文化、民间文化研究、对联艺术、某项民间工艺、民族服饰文化等课程,学生从文化的视角尝试探索、实践与研究,打开了视域,传承了民族文化,为其构筑起厚重的精神底蕴,培养了学生对真、善、美的追求,对自然、人类与社会的人文情怀。无论是主题类校本课程,还是学科拓展类校本课程,都要依据学校教育教学规律和学生学习认知发展的需要,结合语文教学实际来实施,从而取得良好效果。如通过开设"走进鲁迅""红楼寻梦"等主题系列研究课,提升学生的研究意识、研究能力与研究品质,奠定了学生深厚的文化素养。

(三)努力创设和谐发展的空间,提供必要的时间与制度保障

校本课程开发作为一个行动研究项目,不仅规划、实施总项目需要时间,作为个体的参与同样需要时间的投入。为此,学校应提供必要的时间与制度保障,通过建立学校课程审议委员会、校本教研、校本培训、学生家长委员会以及发展性评价制度、激励机制等相关配套改革措施,保证校本课程建设向着规范有序、富有内涵品质、充满生机活力的方向稳步持续地发展下去,从而为校本课程开发赢得时间与质量。

示例：

校本课程"《论语》撷珍"实施方案

一、指导思想

《论语》一书集中了孔子思想、学说的精华，通俗易懂，朴实无华，它的思想内容、思维方式、价值取向都早已融入了我们民族的血液，沉淀在我们的生命中，铸成了我们民族的个性。

让学生诵读《论语》等经典作品，不仅能拓展他们的知识面，培养对文学的兴趣爱好，打下扎实的文学功底，提高人文素养，还能激发学生的爱国主义情感，陶冶他们的情操和审美情趣，全面提高整体素质。作为"引路人"的教师，无论是从全面提高学生的人文素养考虑，还是基于进一步加强爱国主义和中华优秀传统文化教育的迫切需求，都责无旁贷地要重视起《论语》等经典作品的教学以及"学生学习经典作品方法和途径"的研究和探讨，要积极参与其中，和学生共同诵读欣赏经典作品，共同发展成长。

二、本课程目标

1. 通过实施本课程，充分激发学生学习祖国优秀文化的兴趣，促使学生热爱祖国传统文化，多读多背以加强语感，积累语言，陶冶情操。

2. 通过本课程建构经典诵读的教学模式，寻找更适合学生学习经典作品的途径，并带动学生良好学习习惯的养成和自学能力的培养。

3. 通过对《论语》的吟诵和记忆，锻炼并提高学生的记忆力，激活并发展学生的思维力。

4. 通过本课程的探索，尝试打通经典和学生现实生活的通道，提高我校课程的品质，促进我校的校园文化建设。

总之，《论语》是中国儒家的宝典，古人云"半部《论语》治天下"，治理国家、天下如此，治理一人的身心也是如此。因此，要通过本课程的实施，培养我校学生扎实的语言表达能力和鉴赏能力，影响他们的修身与治学。

三、本课程内容、上课教师、开设对象及课程负责人

校本课程"《论语》撷珍"的内容为《论语》二十篇中的精华片段；上课教师为对《论语》感兴趣的非毕业班各科教师；开设年级为初一、初二、高一、高二；课程总负责人为罗群雁，具体负责人为刘红（负责文字版校本教材的编写和组织工作）、杨凯（负责录像版影像资料的收集和联络工作）。

四、本课程的实施

（一）学习时间及组织者

必学时间：

每周二到周五早晨9:00—9:10。先看校园电视授课教师的视频，再采用教师带读、学生齐读、优生领读、自由对读等多种形式，让学生吟诵。组织者是班主任。

建议选学时间：

非毕业班每月抽出一节语文活动课（国学课），由语文教师组织学习，举行各种诵读、欣赏、分享等活动。

非毕业班、图书馆、教研室不定期按需组织有关《论语》学习的活动，比如《论语》读书征文比赛、《论语》系列讲座、《论语》知识竞赛、《论语》诵读比赛、《论语》演讲比赛、《论语》研究性学习活动、《论语》硬笔书法比赛、《论语》书签设计比赛等。

（二）对教与学的要求

对教的要求：

查找资料，认真备课；分清层次（初中诵，高中品），因材施教；形式多样，激发兴趣；提前录课，按时播出。

对学的要求：

1.各班力求做到：保证时间，保证效果；诵读为主，听讲为辅；品味语句，畅谈体会；师生互通，交流情感。

2.学生诵读时：心要专——专心致志，不可分心；眼要准——仔细看准，全神贯注；口要到——边看边读，通顺流畅；手要记——边听边记，撷英咀华。

（三）具体措施

通过"四条途径"学习本课程内容。

诵，看校园电视台，每天早晨诵读。学校校园电视台开设"《论语》撷珍"专栏，由学生主持、播放，其内容由上课老师提前录制。

看，通过黑板报等形式让学生随处可欣赏到"《论语》撷珍"佳作佳句，在有意无意之中记住。

抄，让学生做《论语》卡、办手抄报等。

赛，举办各种比赛活动。如在读书节举行"《论语》撷珍"诵读会等，具体活动有指定内容背诵、接龙赛、抢答、自由发挥表演等多种形式，并有接力赛、抽卡赛等种类。通过举行这些活动评出优秀选手和优秀班级。

五、本课程的评价

（一）对学生的评价

1.学期末参加有关《论语》学习的检测。（不同年级，测试内容各异）

2.通过各项活动参与情况对学生的学习态度和学习效果进行评价，对表现突出者给予奖励。

（二）对教师的评价

建立对教师参与本课程开发的评价机制，分《论语》晨读和其他《论语》活动考核，由教研处、教务处、教研组、学生会监督实施，与班级《论语》诵读成绩挂钩。

第　　周　　检查员姓名：　　　　值周班：

检查班级	老师组织情况统计(在括号内打钩)			
	有组织	（　　）、（	）、（	）班
	没组织	（　　）、（	）、（	）班
	不到位	（　　）、（	）、（	）班
	备注：			

　　教研处通过定期查阅教案，听课评价，做出意见反馈；教务处通过召开学生座谈会，收集学生的反映，及时反馈给教师，从而改进教学。对认真教学、认真指导学生参与活动、成效突出的老师，给予奖励。

　　六、本课程进度和教师安排表(略)

　　七、"《论语》撷珍"校本课程内容及名单

时间(每天早晨9:00—9:10)	上课内容(每章节选)	授课人
1	学而	
……	……	
20	尧曰	

　　授课内容为《论语》二十章的每章节选，一轮完成后，再进行第二次每章节选，原则上一个授课老师一章。

学校教研室

2017 年 8 月 19 日

第七讲 学习交流篇:中学语文教师专业发展的推进器

第一节 名师工作室、青蓝工程活动促发展

名师工作室是当前教师队伍建设中的一个热门话题。各地教育行政部门通过多种工作模式,如名师的引领、相关经费和政策的扶持、为名师建立工作室、建立远程学习平台、组织团队攻关等,有效发挥了名师的领头雁作用,促进和带动了一大批青年教师的专业成长,从而起到了推动教育均衡发展、推动教学健康发展和成就学生终身发展的重要作用。

许多学校从荀子《劝学》中的名句"青,取之于蓝,而青于蓝"得到启发,把培养青年教师的诸多工作或活动,命名为"青蓝工程"。"青蓝工程"已成为学校培养新教师的一种重要途径。"青蓝工程"通过师徒结对活动,为新教师指定老教师、骨干教师带教,目的是使青年教师尽快成长,努力提高青年教师的教育教学水平和教育科研能力;同时,"青蓝工程"也能促进老教师专业的进一步发展,从而加快建设高质量教师队伍的步伐。

一、积极参与名师工作室活动

(一)制订好名师工作室工作方案,包括名师工作室的整体方案和每学期工作计划等

如:

水区中学语文名师工作室工作实施方案

（第二届）

根据水区教育局教研室《水磨沟区"骨干教师研修工作室"实施方案》精神，为有效地实施"名师工程"，开展水区中学语文名师培养工作，特制订本工作方案。

一、指导思想

以追求科学理念、打造高效课堂、践行素质教育为主题，以成员师德修炼、理论研习、课堂实践观摩、网上博客研修等为主要研修形式，通过日常自主研习和集中合作研修，切实提高工作室成员的师德修养、学习能力、专业素质，努力培养骨干教师的教学特长、实践能力和创新精神，力争实现区教育局教研室提出的工作室成员的培养目标，充分发挥工作室的引领和辐射作用。

二、工作室的定位及目标

定位：本工作室旨在创造一个人才培养的"磁场"，让优秀的骨干教师在这个磁场中发挥潜能，成长为在本区乃至本市有较高知名度的个性鲜明的名教师。

本工作室应是一个以水区名师为品牌、以"专业引领、实践探索、共同发展"为宗旨、以理论学习为先导、以课堂教学为主阵地和以网络为主要交流载体的融学科性、实践性于一体的研修机构。我们的名师工作室应是一个学习型、合作型、科研型、实践型、辐射型、成长型的工作室。

目标：本工作室将围绕水区"骨干教师研修"工作室的总体目标，遵循优秀教师成长规律，通过以两年为一个周期的工作计划的实施，有效地推动名师工作室成员的专业成长，力争在工作室成员内培养和造就六名师德高尚、理念先进，有较成熟的课堂教学风格和鲜明的教育主张，教育成果突出，学科教学有特色，在市、区内有一定影响，教育与科研并强，具有引领和辐射作用的语文骨干教师，从而推进水区中学语文教育教学健康、协调、可持续发展。

具体专业发展目标：

1. 提高工作室成员的道德修养、理论素养和业务素养。

2. 提高工作室成员的各方面能力，培养工作室成员的备课能力、课堂教学创新能力、学科知识拓展能力、行为分析与反思能力、合作研修能力、教育科学研究能力及一定的学科指导能力。

3. 工作室成员在平时的教学工作中要在各自学校起到引领作用。积极参加所在学校的教科研活动，要积极开展课题研究工作，并取得相应研究成果。

4. 促进成员在原有基础上有更高的提升，使其更上档次，逐步形成独特的教学风格，具有自主专业发展的能力，从而探索教师"教、学、研"的专业成长途径。

三、工作室成员专业成长和专业发展的主要内容

在水区教育局教研室的大力支持下，本工作室工作的关键点在于激发工作室成员的内在动力，促进成员自主创新发展；着力点在于建立良性机制、营造科研氛围、搭建提升平台，帮助成员在学习和实践中不断成长。

（一）制定规划。工作室成员每学期初要制定出本人与工作室相协调的专业发展的规划，明确自己在两年内四个阶段的专业发展目标和工作措施。

（二）自主研修和主题研修结合。每位成员重视自主研修，依据自己的情况制订读书计划，每学期完成一定的读书量。负责人负责推荐阅读书目。每位成员根据自己的实际情况，加强基本功训练。

在自主研修的基础上，定期集中（每月一次），就各自在研修过

程中遇到的问题以及中学语文教学中的热点、难点问题,确定主题,进行研讨。

（三）教学实践。

课堂教学是教师专业发展的主阵地,工作室成员要以课堂为载体,围绕科学的教育教学主张,积极进行课堂教学的实践探索,采用集体备课、专题实施、同课异构、行为跟进等方式展开研究。结合市教研中心、水区教研室的工作,每学期组织开展大型活动,承担培训、讲座或公开课等工作。组织工作室成员互相观课议课。

要求成员做到:

1. 所担任的语文教学工作向教研组、学校和社会全面开放。

2. 每学期至少在全校承担一次公开课教学工作,每学期在全区承担一次公开课教学工作或一次学科专题讲座工作。

3. 每周听校内青年语文教师的教学课不少于 1 节,并提出切实的改进意见。

4. 每月组织一次学校教研组(或跨学校教研组)语文教育教学经验交流活动,并展开研讨,总结经验。

5. 积极探索语文课堂教学模式改革研究,提高语文教学效益。

（四）课题研究。

1. 在培养周期内,参培教师必须根据中学语文教学改革的热点、难点,确立一项以上课题进行立项研究,所研究的课题应积极申报成为市级及以上研究课题。

2. 在名师工作室的指导下,开展选题立项、组织研究、收集资料、结题评审以及成果推广等工作。

3. 参培教师要经常反思教学工作,总结成绩和经验,及时发现教学中的问题,并撰写教学研究文章,每年至少要在公开出版的报刊上发表一篇语文研究经验论文。

目前工作室成员正在进行教育部"十二五"规划课题"'少教多学'在中小学语文教学中的策略与方法研究"的研究。工作室成员认真参与，力争顺利结题，并获得好的奖次。

（五）工作反思及总结。养成反思总结的习惯，认真撰写反思日记和教育教学论文等，提升自己的教育教学水平。

（六）专家指导。在水区教育局教研室的大力支持下，有计划地安排工作室成员外出培训、观摩、考察学习，聘请全国、自治区、市知名教育专家学者对工作室成员进行指导。

（七）信息交流。开设"乌鲁木齐市水磨沟区中学语文名师工作室"博客。博客栏目初步设想分为如下版块：名师论坛、成长感悟、设疑解惑、教改前沿、成果共享等。通过网络传播和在线互动，有效地推动名师工作室的成果辐射，使之成为名师工作室的动态工作站、成果辐射源和资源生成站，为推进水区中学语文教育研究与改革提供交流分享的平台。每位成员要充分利用博客，认真撰写读书心得、教学设计、案例、反思、论文等，呈现自己的专业化发展历程。

在博客上或在工作室成员QQ群、微信群中不定期开展各种研修交流活动。

（八）评价措施。采取给工作室成员建立成长档案袋的管理制度。成长档案包括：工作室教研活动记录表，示范课、观摩课、专题讲座具体情况，指导培养青年教师成绩，学术论文、经验总结刊载情况，课题立项，以及工作室网页更新、点击、互动情况等。在对工作室成员施以诊断性评价和终结性评价的同时，重点进行形成性评价。按《水磨沟区骨干教师研修工作室评价细则》中《名师工作室评价细则》的相关要求考核工作室成员的业绩。

（九）推广教育教学成果。定期召开主题活动，发挥工作室集体智慧,以网上互动、研讨会、报告会、名师论坛、公开教学、送教下乡、现场指导等形式展现工作室的研究成果,解决教师们在教与学过程中遇到的问题。

四、工作室研究方式

(一)以课堂为主阵地

搞好课堂教学是教师的第一要务,指导教师进行教学研究也是本工作室的第一要务。本工作室将课堂教学作为主攻方向,狠抓课堂教学及其研究。工作室从实际出发,根据每个成员不同的教学特点,通过研究活动促进成员形成自己的教学特色和教学风格。工作室成立以后,积极促成工作室成员到外地学习观摩,组织对外公开课或研究课等研讨活动,组织成员所在学校和其他兄弟学校的教师观课议课,在观课议课中互相学习、共同提高,形成工作室成员个性化教学风格。

(二)以科研为向导

教科研是教育教学的第一生产力。为发挥全体成员的自身优势,本工作室将教育科研能力和科研水平作为对工作室成员考核的一项重要指标。本工作室的每一次活动都要突出科研这一主题,采取"自觉学习、安排任务、定期完成"的方式,对每一位成员提出明确而具体的科研要求,走"科研兴教"之路。

(三)以辐射为追求

本工作室应该成为一个教学和科研的"辐射源",以工作室成员所在学校的教师为主要培养对象,吸收他们观摩工作室成员的活动,举办大型活动时邀请全水区的中学语文教师参加,以此让更多的教师受益,促使更多的教师成长。

五、研修要求

对主持人的要求:

（一）不断学习教育教学等方面的理论知识，真正起到引领作用。

（二）在实践中，保质保量并有创新地完成本职工作：负责工作室实施方案的起草，确定工作室的研修目标与研修方向，明确研修任务；负责工作室日常研修活动的策划、管理、指导、培训工作；负责工作室培训与研修的过程管理；负责研修期间聘请专家、组织活动、对外协调，每学期组织开展大型活动不少于两次，承担培训不少于四次。

组织团队成员制订成员研修实施计划，根据"导师伴随成长"的原则，帮助成员分析自身专业发展现状，制定个人专业发展规划，开展个性化的伴随指导，鼓励并督促成员自主研修，提高成员教学水平，逐步打造并形成成员个性化的教学风格。两年内指导每位成员在区级及以上刊物发表论文至少6篇，在区级及以上教学研讨活动中开设讲座或公开课不少于4次，主持市级及以上课题不少于1个；两年内至少指导3名所带成员获得高一级教学名师、学科带头人、教学能手等称号。

对工作室成员的要求：

（一）及时了解本学科及相关学科的发展趋势，学习和吸收新知识、新理论、新方法。认真参加研习，在理论上充实提高自己。

（二）按时完成名师工作室的各项实践工作：

1.名师工作室成员要根据导师引领确定自己的专业发展方向，制定切实可行的个人专业发展规划及实施计划，目标明确，方法得当，内容具体。

2.研修期间要根据工作室要求按时完成各项研修任务，定期往工作室博客上上传与研修相关的教学设计、反思、随笔、案例、论文等，并积极承担研讨课、讲座等任务。

3. 研修期间态度积极，参与意识强，有较强的合作能力，在研修过程中发挥积极作用。

4. 通过研修活动，切实提升教育理念和教学能力，课堂教学质量高，初步形成教学特色和个人风格，两年内在区级及以上教学研讨活动中开设讲座或示范课不少于4次。

5. 通过研修活动，在提升本人教学能力的同时，能够发挥在本区、所在学校、所在教研组的辐射、引领、指导作用，影响和带动周围的教师共同实现专业成长，带动所在学校教师至少两名在区级及以上课堂教学大赛、课题研究活动中获奖。

6. 通过研修活动，不断提升科研意识和科研能力，至少参加一个市级或市级以上课题，研究效果突出，课题成果有一定的推广价值，能够顺利结题并获得专家的肯定。

7. 通过研修活动，完成具有一定水平的教学论文、案例、反思、实验报告等不少于24篇，在区级及以上刊物发表论文不少于6篇。

8. 争取获得高一级教学名师、学科带头人、教学能手等称号。

(三)遵守名师工作室的各项规章制度。

六、保障措施

1. 组织保障

建立健全名师工作室的各项规章制度，如会议制度、学习制度、工作制度、考核制度等，保障工作室可持续地发展并有效地开展工作。

2. 经费保障

合理使用工作室专项经费，实行专款专用，如添置书籍、开展活动、外出培训等。

3. 奖励措施

对认真工作、取得优秀成绩的工作室成员，提供优先参加高层次研修、学习考察和学术研讨等活动的机会，对特别优异的成员，工作室将把其表现情况反馈到区教育局及学校，在评选先进和选拔各级各类教育骨干中优先考虑。

水区中学语文名师工作室

2015 年 8 月

（二）积极参与名师工作室的各项活动

无论是名师工作室主持人还是成员都要认真填写成长记录袋，做好活动记录。

1. 成长记录袋内容包括基本情况登记表、总体成长规划表、阶段性成长规划与总结表（按年）、个人成就分项展示等。《十九中学名师工作室活动记录手册》内容包括名师工作室学期计划（含指导思想、工作目标、具体策略、每月 2 次具体活动记录等内容）、名师工作室教研活动表（含具体内容、形式、成果、照片等内容）、名师工作室学期总结（含本学期所做的工作、存在的问题、今后努力的方向等内容）。

2. 写好名师工作室活动纪要。笔者曾具体负责 19 中、31 中"余映潮中学语文名师工作室"的四次活动，共整理了四个活动纪要。如：

2019 年秋季乌市第 19 中、31 中"余映潮中学语文名师工作室"

教师教学技能第四阶段培训活动工作纪要（节选）

2019 年 10 月 24 日、25 日，乌市第 19 中、31 中迎来了"余映潮中学语文名师工作室"教师教学技能第四阶段的培训活动。在两天的培训中，来自 19 中、31 中及外校部分的语文教师合计听课 484 节次（按考勤统计）。经过余老师培训前对参训老师教学设计的悉心指导，19 中教研室、31 中教研室的精心组织，语文教师和 19 中其他科目的老师的积极参与,本次培训活动圆满结束。

本次培训内容丰富,日程安排紧凑,通过学员教师授课、专家点评提升以及专家授课、专题讲座等环节进行学习、交流,参加本次培训的每位教师受益匪浅,学生们很受启发。

…………

培训主题

高中语文现代文学作品的教学技能训练。

巩固"板块式思路""课堂实践活动""集体训练"的理念。

顺势进行语文教师的"学法"指导之四的微型讲座:专题积累法。

培训时间

2019 年 10 月 24 日、25 日。

培训内容

10 月 24 日听课 4 节。

四位授课老师:杨阳、刘红、王建鸿、杨雅敏。

授课篇目:《荷塘月色》《边城》《记梁任公先生的一次演讲》《雷雨》。

上午上完两节课后余老师评课并完成回顾核心理念小讲座。

下午上完两节课后余老师评课并做微型讲座:专题积累法。

10 月 25 日上午

两位授课老师:张玉晶、杨凯。

授课篇目:《囚绿记》《说"木叶"》。

余映潮老师的两节课为《再别康桥》《故都的秋》。

10 月 25 日下午

点评上午两节课。

完成讲座:谈中学语文文学作品的教学。

训前作业

(1)参训的 10 位教师，每人都需要设计一份 3000 字以上的教案。写作格式见余映潮老师的范文。

(2)参训的 10 位教师，每人都需要完成 3000 字左右的论文一篇。论述的话题是"例说高中语文古今散文的教学"。论文的标题自定。写作格式见余映潮老师的范文。

(3)此次作业于 2019 年 9 月 30 日发余映潮老师审读。强调不能抄袭，写作格式要规整。

培训过程

节次	时间	上课教师	学校	班级	课题
1	9:50—10:30	杨阳	19 中	高一(2)班	必修二《荷塘月色》
2	10:40—11:20	刘红	19 中	高二(2)班	必修五《边城》

余老师评课

…………

刘红老师的课

亮点：

(1)挑战长文、难文的教学。

(2)教学铺垫厚实。

(3)活动一速读课文，概括情节。意在全文内容的了解与把握，话题设计好。活动安排巧妙：教师概括一半，学生概括一半。

(4)活动二跳读课文，赏析细节，用选点的方式，将学生的活动引向文学欣赏，引向小说手法的品析，引向语言表现力的品析。这是很重要的训练内容。

(5)活动三的教学视点准确，活动有创新的意味。与"鱼"有关的意象知识，构成本文教学最有亮点之处。

(6)教师语言质量高,有情感,有语文味,有小说教学的味道。

细部观察:

(1)还可以增加一点关于《边城》的小说知识的介绍。

(2)没有点示第三章在整篇课文中的重要作用:介绍有关风情的背景;揭示故事发生的地点;人物出场;埋设伏笔;鼓声引出回忆;端午节的描写照应全文;过年的描写富有深意;鸭子的作用;等等。

(3)有的非常需要学生品析的句子,如"翠翠早被大河里鲤鱼吃去了"一句,教师自己赏析出来了。

(4)从纵向的角度引导学生观察与品析着力不够,文学知识的"深度"不够。

············

余老师对工作室此次活动的整体评价:

1.无论是19中还是31中的上课的老师,上课的铺垫厚实,教学设计有条理,思路清晰,会用话题上课,杜绝了碎问碎答,课堂教学语言能体现文学作品的特点。

2.学校重视,19中、31中的校领导高度重视,基本全程参与,学习精神可嘉,整个活动安排有序、周到。

反思和小结:

1.余老师听了6节课,评了6节课,自己上了2节课。听评的6节课均为现代文学作品;余老师的示范课有现代诗歌和现代散文;讲座有三场,能结合教材、新课标、学员老师的优缺点进行针对性的辅导,使我们眼界大开。余老师手把手教我们如何做个优秀的语文教师,如何进行现代文学作品的教学。俗话说"师傅领进门,修行靠个人",相信有余老师的悉心指导,有学员们的刻苦努力,19 中、31 中的语文教师一定会尽快成长起来。

2. 活动方案要求很清楚,语文组老师在 24 日、25 日要调好课,全程参加培训活动,但实际培训过程中,语文班主任和上课的语文教师参与率还不是很高。

3. 要在日常教学中学以致用,不能余老师走了,自己的课又回到原来的水平。一定要多落实余老师的培训要求,每个人每天力争进步一点点。

(三)做好名师工作室工作总结

总结包括工作室总结,也包括工作室成员个人心得,可以一学期总结一次。如:

水区中学语文名师工作室(第一届)总结

"水区中学语文刘红名师工作室"于 2012 年 11 月由水磨沟区教育局授牌,两年多来,在水区教育局教研室的直接指导下,我们工作室以课堂教学研究为载体,以课程教学改革为导向,以促进教师专业发展为宗旨,走"以研促教,研教结合"的道路,积极开展了各项活动,充分发挥工作室的引领、辐射功能。

为总结经验,吸取教训,现将工作室两年多的工作总结如下:

一、科学规划,努力达标

围绕工作室的整体方案和每学期的计划,我们全体成员认真向工作室的目标努力。我们的专业发展目标是:用"学习,是我们的生活;课堂,是我们的方向;科研,是我们的特色;辐射,是我们的追求"的工作理念来引领工作室成员在自己教学实践的兴趣区、课程教材的学习思考区、当前教育教学改革的前沿区等领域思考实践,促进成员专业成长和专业化发展。

为实现工作室的目标,在平时的工作中重在激发成员的主动性,强调他们在科研中的主体地位,以优秀教师为榜样,以工作室为纽带,充分发挥群体的引领带头作用,形成人人争做科研型、学术型教师的良好氛围。同时积极为教师的自主专业发展打造科学、专业的成长平台,形成良好的外部激励机制。成员认识到,自主发展在个人职业规划、职业幸福感、成就感获得方面的重要性,自主发展的意识有了明显提高,激发他们规划职业、规划自我、规划人生的意识。

为确保"名师工作室"扎实而开创性地发展,发挥工作室每个人的特长,工作室拟定出相关的管理办法。这促进了工作室目标的实现。

二、理论积淀,提升素养

本工作室组织所有成员,加强理论学习,学习教育教学理论书籍,学习新课程理论专著。工作室成员学习《新课程语文教学论》、余映潮老师的系列专著等教育教学书籍,不断提高自身的理论修养。在水区教研室的大力支持下,积极采取"走出去、请进来"的方式,聆听专家学者的授课和讲座,为工作室成员的成长打下坚实的理论功底。每位成员依据自己的情况制订读书计划,每学期完成一定的读书量。每位成员根据自己的实际情况,加强基本功训练。杨凯在水磨沟区语文学科"美文诵读大赛"中获高中组一等奖,在"课后说课"比赛中获得水区高中组二等奖,并获得市级说课比赛三等奖。刘红的板书设计获市二等奖。刘红、杨荣霞的教案分获校级一、二等奖。

三、立足课堂,展现风采

课堂教学是教师专业发展的主阵地,我们工作室成员以课堂为载体,围绕科学的教育教学主张,积极进行课堂教学的实践探索。各成员以基础水平现状为操作点,以常态课堂教学研究为切入点，通过对优秀案例的解析来提炼、丰富自己的教学经验，从而提高自己的教学水平。同时还采用集体备课、专题实施、同课异构、行为跟进等方式展开研究，并结合市教研中心、水区教研室的工作，承担公开课等工作，坚持互相观课议课。

两年多来，吴奂老师在乌鲁木齐市语文教师的课堂大赛中获得一等奖，在水区上中考作文示范课三节。杨荣霞老师上水区示范课一节。黄莹莹获讲课大赛国家级一等奖，并承担了一节市级公开课。杨凯获国家级录像课二等奖一、自治区录像课一等奖一节，承担天山区"同题异解"展示课一节。付文佳获自治区录像课二等奖，市级课堂教学大赛一等奖，承担水磨沟区"区级结题小课题成果推广观摩课"一节，参与"国培计划"——南北疆边远地区贫困县送教培训项目，还承担水区"余映潮中学语文名师工作室"示范课。

主持人刘红在自治区录像课评比中获得一等奖，上市级公开课一节、水区级公开课两节。工作室的六位老师每学期都在各自所在的学校承担至少一节公开课。

四、乐于求索，积极科研

研究是名师工作室的要务之一和本质属性。每位工作室成员都能自觉进行研究，整个工作室始终洋溢着一种研究的学术氛围。近三年来，老师们积极参加课题研究，积极撰写论文和教学随感，并在校级以上刊物发表。

课题研究方面：工作室成员认真开展乌鲁木齐市"十二五"教育科研规划重点课题"新课程背景下高中语文阅读教学典型课例研究"和教育部"十二五"规划课题"'少教多学'在中小学语文教学中的策略与方法研究"的研究。工作室成员认真参与，力争顺利结题，并获得阶段性成果奖。吴奂的小课题获市级三等奖，付文佳的小课题分别获市级一、二、三等奖。

论文反思方面:工作室成员养成反思总结的好习惯,认真撰写反思日记和教育教学论文等,提升自己的教育教学水平。刘红、黄莹莹、吴奂、付文佳、杨凯的 10 篇论文刊登在市级以上的刊物,其中付文佳的论文被刊登在《语文教学通讯》这一核心刊物上。有 22 篇论文、教学设计等获市级以上奖项。

五、搭建平台,交流辐射

积极争取专家指导。积极邀请王耀芳、岳学贤、董建成等本土专家指导工作室的工作。积极参与了"余映潮中学语文名师工作室"的各项研修活动。付文佳在"余映潮中学语文名师工作室"的研修活动中表现突出。刘红参加了水区教研室在南昌的培训,收获颇多。

工作室主持人及成员开设讲座,在水区起到辐射作用。刘红、吴奂、杨荣霞、付文佳在水区以上范围内开设语文教师专业讲座,获得好评。

工作室主持人及成员在平时工作中积极指导青年教师成长,关心青年教师,积极发挥传、帮、带作用,处处起模范带头作用:刘红指导王建鸿和黄莹莹获国家级一等奖;付文佳指导老师获水区一等奖;刘红指导周晨義获市级微课大赛三等奖。

指导学生多次获奖:在全国"创新杯"作文比赛和"圣陶杯"作文比赛中,辅导学生多人次取得好成绩。

开设博客:通过网络传播和在线互动,有效地推动名师工作室的成果辐射,使之成为名师工作室的动态工作站、成果辐射源,博客现已刊登工作室成员文章百余篇。

六、厚积薄发,传来喜讯

三年来,工作室主持人和成员获得一些荣誉。刘红获市级、水区级"学科带头人"称号,吴奂、杨凯获水区"骨干教师"称号和水区"教学能手"称号,付文佳获水区"优秀青年教师"称号。

七、存在问题,今后改正

工作室主持人和成员基本为班主任,工作繁忙,集中在一起学习的时间相对较少。

工作室主持人和成员在活动资料的收集上不够及时。

回首走过的道路,我们深感充实与快乐。感谢水区教育局给我们提供了这个平台,在压力中产生动力;感谢水区教研室的领导特别是康金娥老师,给我们工作室充分的指导和支持;感谢这个有思想、有凝聚力的团队,我们在交流中取长补短,分享智慧与快乐,在进取奋斗中成长,并结下了深厚的友谊。相信,我们工作室的全体成员会在教科研这条路上走得更远。

再如：

学习大师智慧,走好教学之路

——余映潮名师工作室研修心得

乌鲁木齐市第十九中学 刘红

从2008年第一次听余老师的课到现在已经12年了,当时的震撼至今记忆犹新;后来,康老师把余老师请到了水区,能有机会和余老师面对面学习交流,真是倍感幸运;再后来,19中和31中联合成立了"余映潮中学语文名师工作室",余老师还点名让我具体负责工作室事务,真是荣幸之至！十余年来余老师的教育思想深深地影响了我,余老师的教育实践深深地感动了我,余老师的教育智慧深深地启发了我！

一、从余老师的教育思想中汲取智慧

余老师的教育思想是座宝库,给我启发最大的是余老师创建的"板块式、主问题"的阅读教学艺术体系。

余老师的"板块式教学思路"主要着眼于学生的活动,着眼于学生能力的培养,以教学板块的形式来整合学习的内容,这样的教学思路与一般的阅读教学区别很大。一般的阅读教学的思路是线性的,而"板块式教学思路"是在一节课或者一篇课文的教学中,从不同的角度有序地安排几次呈"块"状分布的教学内容或教学活动。无论是听、说、读还是写的活动,余老师都尊重学生的主体地位,他力求做到让学生有充足的空间和时间进行自我思考、自我训练。学习了这种板块式的教学思路,大大提高了我的教学设计速度和质量,让我的教学逐渐显示出了条理清楚、重点突出的特点,学生也反映听语文课的效率高了。

"主问题"(话题)的设计就是在阅读教学中,用尽可能少的关键性的提问或问题启发学生,使之对文本内容进行更集中、更深入的阅读思考以及讨论探究。主问题最大的教改意义就是能用精、少、实、活的提问或问题将学生深深地引进课文,激发学生研讨的热情,从而有效地开展课堂活动。主问题设计非常有讲究,而且设计起来也很烧脑,但我和我的学生都深深感受到了主问题设计之好处。

余老师的教学思想丰厚,以上只举了两个典型的例子,余映潮老师的其他教学思想还需要我们不断地学习。总之,在以后的教学中,我要不断汲取余老师教育思想中表现出来的智慧,尽量做一个智慧的老师。

二、从余老师的教学实践中汲取智慧

余老师的1000多节(场)公开课和讲座,让余老师的教学实践充满智慧,我所听到的每一节(场)余老师的课和讲座都给了我很多启发。特别是余老师对好课设计的表述,比如好课要非常关注教学资源的提取、好课要着力于学生活动的设计、好课要关注思路清晰、好课的设计要做到提问精粹、好课的设计要讲究"实""精""美""活"，有效地指导了我的教学实践。关于阅读课的教学，余老师提出"四有"和"两无"。四有：有厚实的语言学用；有扎实的能力训练；有落实的知识渗透；有充实的集体活动。两无：无碎问碎答；无平俗的手法。所有这些实践经验给我们特别是青年老师指明了努力的方向，我校的青年老师参加各类赛课，因为落实了余老师的教育思想和模仿了余老师的课堂教学，均取得了好成绩。

我有幸让余老师指导了两节公开课，一节是《兰亭集序》，一节是《边城》。余老师手把手的指导和给出的新创意，让我明白了文言文和小说的高效课堂是什么样子，让我从此推开了文言文教学和小说教学的大门。另外，余老师分各种文体对我们的培训，让我们对各种文体的教学都充满了信心。当然，给我们带来信心的还有余老师的教材研读智慧、教学思路智慧、教材处理智慧、教学手法智慧、课中活动智慧、语言教学智慧、教学细节智慧、朗读教学智慧等，余老师的这些教学实践智慧，无不规范着我的教学，给我的教学带来了质量和效率。

三、从余老师的治学方法中汲取智慧

余老师发表了各类教学文章1000多篇，出版了《中学语文教例品评100篇》《余映潮阅读教学艺术50讲》《听余映潮老师讲课》《余映潮讲语文》等专著，充分体现了余老师的治学方法和智慧。余老师说：对教师来说，"研究"二字，应该就是为了"治学"。在工作之中坚持治学，谋求进步，就是智慧。每一位语文教师都应该有自己喜爱的学习方法，作为一名优秀的力求上进的语文教师，坚持研究是提升自己的真正坦途。研究让我们能够读好教材上好课、多想问题多认识语文现象，更重要的意义是让我们养成并具备研究的素养,让我们有终身追求发展的动力。"坚持研究"带给我们的,是让我们成为有丰厚教学素养的语文能人。

在19中、31中"余映潮中学语文名师工作室"研修的这两年里,每次线上培训时,余老师都会手把手地教我们如何写教学设计和论文。余老师希望我们两条腿走路,不仅课要上得漂亮,文章也要写得漂亮。虽然这两方面我都还没做好,但是余老师的治学智慧和治学方法给我留下了很深的印象,比如课文读写法、自建仓库法、精品收藏法、案例分析法、多向运思法、横向联系法、纵深探索法、发现命名法等等。在以后的教学中,要多运用余老师的治学方法,要多汲取余老师的治学智慧,让自己在教育教学研究的路上走得更远些。

司马迁在《史记·孔子世家》中赞美孔子:"《诗》有之:'高山仰止,景行行止。'虽不能至,然心向往之。"这句话就是我现在的心境写照!余映潮大师走在前面,为我们这些弟子们趟出了一条中学语文教学改革之路,我会紧随其后,即使走得慢一些,也不会放弃,我会一直朝着余映潮老师指引的方向努力……

2020 年 12 月 16 日

二、积极参与"青蓝工程"活动

(一)制订好青蓝工程活动方案。如:

××学校 2022—2023 学年"青蓝工程"实施方案

一、指导思想

为进一步加强我校教师队伍建设,提升青年教师的学科专业水平和班主任素养,加快青年教师成才的步伐,经学校研究决定,本学期继续开展"青蓝工程"各项活动。以师徒结对为培养形式,以理论学习、备课指导、上课实践、评课交流、论文撰写、教学基本功和班主任技能考核等为培养策略,全面提高青年教师的理论素养和教育教学业务水平,促进青年教师的专业成长。

二、师傅条件

1.师德优良。(热爱教育事业,敬业奉献,有责任心)

2.一般为优秀的高级教师、中级教师。

3.学校的兼职教研员。

4.市区三类人中的学科带头人或骨干教师。

5.学校经验丰富的优秀班主任。

三、徒弟条件

1.热爱教育教学工作,好学上进。

2.新入职教师、新任班主任。

3.新进教师在本学段教学不满三年的初级教师。

4.其他部分有特殊情况的初级教师。

四、结对原则

教学教研师徒尽可能同备课组或同学段,特殊情况可跨学段结对。班主任师徒原则上在同年级结对。

五、结对时间

原则上为三学年,如青年教师表现突出,也可提前出师。师徒关系尽量稳定三年,如遇教学工作调整,师徒也可微调整。

六、新进教师师徒结对安排

(一)教学教研师徒安排(名单略)

(二)班主任师徒安排(名单略)

七、具体工作要求

1.指导教师按照××中学"青蓝工程"培养要求,对徒弟日常的业务工作进行指导、督促,并配合学校做好对徒弟的考核工作。

2.被指导的教师要自觉加强教育教学及班主任理论的学习,

加强教学及班主任基本功的练习,勤学好问,虚心求教;积极反思,勤做学习笔记,每学期末将《青蓝工程手册》交教研处、德育处。被指导的教师确保每周听至少一节指导教师的课,每学期上一节汇报课,在指导教师的指导下,每学年完成一个小课题研究并参加各级别的教师基本功等方面的比赛,每学期完成教学小论文一篇。班主任要完成德育处规定的各项工作,并积极参加各项活动。

乌鲁木齐市第××中学

2022 年 11 月 16 日

(二)积极参与青蓝工程的各项活动,填好《青蓝工程手册》,内容包括师徒情况简表、每月四次具体活动安排表(包括日期、指导项目与内容、指导形式等)、活动记录表(包括指导过程与意见、自我反思等)、每月一次教研专业反思总结表。

第二节 中学语文教师的常用文体写作

中学语文教师除了要上好课外,还要不间断地提升自己的"听说读写思"能力,其中"会写"尤为重要。读书笔记、教学反思、教学案例、教学课例、教学论文等是常用的写作文体。

一、读书笔记

读书笔记主要有三种形式,分别是札记、书评和读后感。

1.札记。在阅读中,对某一句话比较感兴趣,或者觉得某些语句比较好,就直接将其记录下来,并随手附上一两句自己的感想和体会,这些内容积累起来就是札记。札记是一种常见的读书笔记类型。格式一般为日期、书名、作者、对自己来说重要的观点或金句(摘抄)、对以上触动点的思考或感悟(评论)，也可以采用"原文摘录＋核心概念的转述＋个人体验＋行动指引"的格式，还可采用康奈尔笔记法格式，或者直接画思维导图。

2. 书评。书评主要是向他人推荐一本书，吸引大家一起来阅读，基本功能是内容介绍、类型界定和作品导读。一般分为介绍性质的书评、评价类的书评、学术类的书评三种类型。

3. 读后感。读后感是自己在阅读一本书的过程中，对某些方面特别有感触，而后有感而发写成的文章。基本功能是记录感受、阐述理解、寻求意义。在阅读的过程中，总会有某些地方触动自己，一边阅读一边将自己的感受和体会记录下来，其实就是撰写读后感的第一步。读后感没有必要面面俱到，强调的是理论联系实际，让作品与自己的生活紧密联系，有感而发，换句话说就是"读别人的书，想自己的问题"，要有思考与共鸣。一般格式为"引—议—联—结"。

二、教学反思

叶澜教授说："一个教师写一辈子教案不可能成为名师，如果一个教师写三年教学反思，就有可能成为名师。"教学反思能力决定着老师的教学能力和在工作中开展研究的能力。教学反思从范围上说是教师的个体行为，也可以是教师集体的行为。教师集体的反思有两种情形：一种是某一位教师把自己对某个教育教学事件的回顾与反思公开在同事面前，大家分别发表自己的意见，一起讨论交流；另一种是经过教师集体讨论形成某种方案，待该方案实施后，大家对实施情况进行诊断，通过一番审视和反思进而得出结论或提出某些改进意见。这种集体的反思本质上是一种校本的教研或培训。既有教师个体的反思，又有集体的反思，这样进行的反思往往是深刻的，是具有理论指导价值的，也是可以共享的，其反思成果可以作为有益的经验来传递。我们平时讲得最多的反思其实是教师的个体反思。

下面主要谈谈怎样写教师个体的教学反思。

（一）教学反思的内容

教学反思围绕教学内容、教学过程、教学策略等进行，可写成功之处、不足之处、学生创新等内容。

（二）教学反思的格式

教学反思的格式灵活多样，可以是写在教案每课后面的教学反思或教后记，可以写成一事一议的实用性议论文，也可以写成正规的教学反思报告。

1. 课后教学反思或教后记可长可短，写清楚对本节课的反思即可。

2. 一事一议类的教学反思的格式一般包括三个部分：一是教学实例，即首先要简略叙述具体的教学活动；二是得失分析，即要分析在这一活动中自己的成败得失之处；三是理性思考，即针对成败得失，结合新课程、新理念谈自己的思考和感悟。第一、二部分是"反"，第三部分是"思"。第三部分是重点，应详写，尽量写出切实可行的方案和策略。

3. 教学反思报告的格式一般包括：教学背景、教学过程描述、教学效果评价、教学经验总结、改进计划等。

三、教学案例

教学案例集理念、实践、反思于一体，是真实而又典型且含有问题的事件。教学案例所叙述的故事主要应定位在教学研究上，包括教学理念、教学模式、教学策略、教学技能等，其案例问题则集中在教学、教学法、认知水平、情感与态度、教学背景等方面。

一般情况下，撰写教学案例要写两个方面的内容，一写事实，二写分析。撰写教学案例，是"讲老百姓自己的故事"。教师对事实比较熟悉，叙述的事实比较具体，比较单一。撰写案例分析需要进行论述，这里的论述是就事论理，是针对具体问题发表有针对性的意见。因用途、使用主体等不同，其体例、格式、侧重点也有所不同。

教学案例的基本格式：

第一部分　案例主题

案例主题是案例需解决的问题，也是整篇案例的核心思想。每个案例都应提炼出一个鲜明的主题，它关系到课堂教学的核心理念，要富有时代性，体现改革精神。

第二部分　案例背景

背景主要叙述案例发生的地点、时间、人物的基本情况，还包括教材的地位、重点、难点以及教学目标，学生的基本知识和思维特点，教师的基本素质、教学风格、教学思想，教学环境与当前社会研究的热点，等等。这些内容不必面面俱到，不宜很长，只需提纲挈领叙述清楚即可。

第三部分　案例描述

案例描述一般是把课堂教学活动中的某一片段，像讲故事一样原原本本地、具体生动地描绘出来。描述的形式可以是一串问答式的课堂对话，也可以是概括式的叙述。通过巧妙地描述事件，把问题寓于情节中、本质寓于现象中、答案寓于故事中。案例描述的材料要求真实、完整、具体、典型、有效、适时。

第四部分　案例反思

案例反思是结合有关的教育理论来诠释教学活动，针对描述的情景谈个人感受或进行理论说明，反思自己的教学理念、教学过程、教学行为，来促进教师自身的专业发展。可用教育理论对案例做多角度的解读,包括对课堂教学行为做技术分析,对课堂教学实录以及教学活动背后的资料等做理论上的分析,对课堂上出现的一些教育现象所隐含的丰富教育思想做阐释等。分析方法可以对描述中提出的某一个问题,从几个方面加以分析;也可以对描述中的几个问题,集中从一个方面加以分析。

对案例所涉及的理论、概念、原则与方法进一步深刻反思,把原有的缄默知识提升出来,把那些只能意会不可言传的价值、态度,通过讨论分析提升到意识阈当中来。通过诠释,挖掘这些矛盾背后的内在思想,揭示其教育规律,梳理出今后更加有效教学的明确思路和方向。对于阅读同类案例能有更深层次的探索意义,并在反思中进一步分析、讨论。

教学案例的撰写要求:

1. 教师要写自己认为有重要意义的教学经历或教学故事,即要有选择性、典型性,不要事无巨细都罗列进去,要围绕中心问题进行选择。并不是说所有的事件都可以成为案例,要善于捕捉教学过程中的亮点。

2. 应根据以往的经历撰写案例,尽量保持案例中资料的真实性,使读者有身临其境的感觉。可以到案例的主体即学生那里去询问,调查他们的真实感受。

3. 教学案例与其他教学文章的区别。与教学论文相比,教学案例在文体和表达方式上以记叙为主,兼有议论和说明;在思维方式上,是一个从具体到抽象的过程,通过对生动的教学故事的描述,通过对具体的学生、教师心理感受的描述,反思、总结教学的利弊得失。与教案和教学设计相比,教学案例是课后教师对教学过程的反映,写的是结果;而教案和教学设计是教师在课前完成的实施教学过程的蓝本。与教学实录相比,教学实录是对教学过程的完整描述，而教学案例是对教学情境做有选择的描述、记录和点评。

4. 撰写的教学案例要有价值性。通过对教学情境的描述、反思，既能提升自己教学工作的专业化水平，又能为其他教师分享教学经验、加强沟通提供一种有效方式。

一篇好的案例，可以胜过许多泛泛而谈。说到底，好文章不是"写"出来的，而是"做"出来的！撰写教学案例不仅能厚实教师的专业基础，也是教师专业成长的一个记载，对今后教师形成自己的教育思想、教学风格起着重要的作用。

四、教学课例

教学案例，是真实而又典型且含有问题的事件。教学课例，通常意义上则是关于一节课的研究。案例以课为引，课例以课为本。具体而言，教学课例是写给教师同行看的，一般以某一具体的课的全程或片段为研究对象，进行解剖分析，找到成功之处或是不足之处，或者说是对课堂教学实践活动中特定教学问题的深刻反思及寻找解决这些问题的方法和技巧的过程。课例研究重在对课本身的改进、优化和提高，从而给出问题解决的示例。课例研究之所以能促进教师的专业成长，关键在于课例中的教学经验能促使上课者与观课者经验的整合与优化，让执教者、观课者一起体验教者的成功和不足，起到借鉴和启发的作用。

（一）常规教学课例的撰写

此类课例一般分为三个部分，即引言、教学过程实录和总评。课例的中心观点是通过文章的引言和总评来阐述的，引言和总评的写法同一般文章一样。教学过程实录部分是重点，要写得具体、翔实。实录部分根据表达方式又可以分成三类：一是叙述描写，可按"师""生"双边活动像戏剧剧本那样分段写出；二是概述说明，类似于戏剧的舞台说明,用圆括号注明,主要写课堂教学中的"非语言"活动,包括板书、演示、书写、课堂氛围等;三是评析部分,一般单列一段,用方括号注明。课例虽然是实录式的,但实际上并不能也没必要把一堂课内发生的一切都像录音机或录像机那样一字不漏、一景不落地记录下来。教师要根据文章的主题,在忠于事实的基础上,进行选材和剪裁,突出课堂的闪光点,进行一定的提炼。要精于筛选,把课堂教学中重复累赘的、与表达的中心观点无关的语言、情节等进行合并或删除。

(二)课例研究报告的撰写

1. 阐述研究的主题与内容,选定研究课例。

2. 呈现课例研究过程。这部分主要概述课例研究实践的展开过程。课例研究是个系统的教学改进过程,需要有多轮的研究课,因此报告中这部分的写作就要反映每轮教学实践的情况,呈现每节课围绕课例研究主题的设计侧重点、问题解决的情况以及出现的新问题。要体现出学情分析和教材解读的深入点、教学设计的变化(备课的变化),概要呈现课堂教学过程的变化(课堂教学实际过程的变化),还要介绍课堂观察的重点与工具。

3. 课例研究的成效与反思。一要分别从学生和教师两个方面考察课堂教学的成效。二要总结课例研究的主要成果与结论。三要进行课例研究反思,包括对课例研究设计、组织、实施过程的反思及改进建议。

五、教学论文

教学论文是衡量一个教师教研水平高低、促进教师专业成长的重要手段。论文写作以问题意识为源头,以有价值的研究结论为成果。教学论文的本质是分享自己对某个对象的教育教学经验,输出独具特色的研究成果。

（一）教学论文素材的积累

教师要从研读教材中、教学实践反思中、学生学习评价中、合作交流中、教本教研中、课题研究中积累素材，最好能每天坚持写工作日志，一定会聚沙成塔。

（二）教学论文的写作方法和技巧

1. 撰写教学论文的一般步骤。选题立意要注重切实性和新颖性，布局谋篇要注重严整性和层次性，初稿撰写要注重条理性和丰富性，修改定稿要注重准确性和规范性。

2. 教学论文的结构和要求。论文一般由题目、作者信息、内容摘要、关键词、正文、参考文献六个部分组成。

附录1

余映潮老师的《祝福》课堂教学实录与点评

乌鲁木齐市第十九中学　刘红

【课例背景】

2019 年 10 月 18 日，全国著名特级教师余映潮先生应邀到新疆乌鲁木齐市第十九中学上了一节小说阅读课——《祝福》，破解了我们进行小说阅读教学的许多困惑。现将余映潮老师的教学实录及我的听课感受摘要呈现。

【课堂实录】

一、教学铺垫

余：今天我们来学习一篇经典的小说《祝福》，先来读一读有关背景。

余：给大家介绍一下小说欣赏的基本角度，大家在课本上做旁批。

整体反复、纵向品析、选点深入、文中比读，我们今天的方法是选点深入,并纵向品读,是一种综合的课文研读方法。

二、活动一:人物评说

余:请同学们概说祥林嫂。方法:一句话概说。比如,"祥林嫂是……"就行了。

9位同学发言后——

生(齐读投影):

祥林嫂是二十六七岁时到鲁四老爷家做事的女工,是一个被婆婆劫回去卖给深山的人做老婆的人,是一个儿子被狼吃掉的人,是一个和大家讲她日夜不忘的儿子的故事的人,是一个在捐了门槛之后仍然不得解脱的人,是一个死在新年祝福中的人……(略去9个"是"字句)

余:祥林嫂是一个被封建社会、封建礼教吞噬的人,是中国封建社会底层劳动妇女最悲惨的人物形象。鲁迅先生用极端的笔法来写她的悲剧。用一句话来概括是很管用的,用这种方法就可以把人物命运的各个细节特点都概括出来,而且表现出文章的大致思路。

三、活动二:手法欣赏

(一)出示话题及示例。

(投影)话题:品读、品析《祝福》中的一处反复,写一点文字,分析其表达作用、表达效果。

余:我们接下来的任务是欣赏反复手法,方法是用几句话评析。我先举例子——

生(齐读投影):反复手法,是《祝福》铺叙故事、表现人物的重要表现手法。

余:请看祥林嫂两次来鲁镇当女工的肖像描写,她所带的物品大致相同,但是脸色的变化明显地表现出她经受了生活的磨难。

"脸色青黄，但两颊却还是红的""脸色青黄，只是两颊上已经消失了血色"，这就叫作反复，在反复之中显现细节的变化，从而表现人物命运的变化。

现在，每个同学静读课文八分钟，评析《祝福》中某一处的反复或某一个角度的反复，并分析它的表达作用、表达效果。

（二）学生静读八分钟，研读文本，并批注。

（三）学生交流，余老师点评。

余：（八分钟后）好的，我们是不是感受到了纵向品读的味道了？

生10：我赏析的是两处："祥林嫂，你放着罢！我来摆。""你放着罢，祥林嫂！"第一处，祥林嫂在前面，强调的是祥林嫂，说明此时四婶对祥林嫂的态度还是温和的；第二处，强调的是"你放着罢"，四婶此时表现出对祥林嫂的不耐烦以及厌恶。所以我们可以通过这两处品读出祥林嫂的地位和精神的变化。

余：对，在这种祭祀的重大生活事件中是不能让祥林嫂动手的，她受到了极大的歧视、侮辱。

生11：第一段和最后一段，描写了祝福的景象，描写祝福并没有用红红火火、光鲜亮丽的颜色，而是用灰白色等比较沉郁的颜色，更突出了祥林嫂悲惨的命运。

余：这就是环境设计的技巧，把祥林嫂的死放在咱们民族最隆重的节日里面，是美妙的反衬、极度的悲哀。

生12：我想说雪，祥林嫂的重要事情大都发生在冬季下雪的时候，是悲剧。

余：雪花的描写在文中反复出现，有象征意味，美化、优化着故事的细节。

生13：我欣赏的是祥林嫂第一次和第二次到鲁镇做工时她记

忆的变化和神情的变化。她刚上工的时候,心态是比较好的,但第二次丧夫,主人们觉得她没有先前能干,记性也坏得多,脸上又整日没有笑影,导致了人们对她态度的改变。

余:这就是很明显的对比分析,祥林嫂经历了巨大的生活波澜,经受了人世间难以忍受的痛苦,所以才变成这个样子。

生14:我欣赏的是祥林嫂眼神和神情的变化,第一处说她只是顺着眼,第二处说她顺着眼,眼角上带些泪痕,眼光也没有先前那样精神了。第三处是瞪着眼,不说一句话。第四处是她不但眼睛窈陷下去了,连精神也更不济了。最后一处是只有眼睛间或一轮,还可以表现她是个活物。这表现出了祥林嫂几经波折之后,逐渐变成这个样子。

余:眼睛的描写,最能表现出人物心理、命运的变化,而且一定是极精彩的细节,眼睛的描写表现了人物悲剧的命运。

生15:祥林嫂讲阿毛的故事,讲完以后男人们听了往往敛起笑容,无趣地走开;到后来,人们一听就厌烦得头痛,她的故事已经没有人听了。她在前面还可以通过讲故事来寻求一丝慰藉,把自己的悲伤转移一点,而到后面,没有人理她了,她只能独自承受着这种苦难。

余:你发现的地方极其重要。由祥林嫂描述阿毛的惨剧,能够表现她精神上所受的极大摧残。

(四)反复手法梳理小结。

余:好,我们一起读吧——

生:(齐读投影)景物描写的重点是"雪花"。它们反复出现,表现时令,设置场景,烘托气氛,表现人物;铺设了"祝福"故事冷峻的氛围基调。

生:(读投影)文中对祥林嫂细节的反复描写无处不在脸色、眼神、头发、服饰、语言上，它们生动、深刻地表现了祥林嫂的性格与命运。

余：脸色、眼神、头发、服饰、语言，这就是我们欣赏小说的角度。比如服饰描写，我们读过的外国小说里面《最后一课》《我的叔叔于勒》、鲁迅先生的作品《孔乙己》都有服饰描写，都是表现人物的。

生：(读投影)祥林嫂眼睛的描写贯串全文，10 多次眼睛、眼神的描写，表现了祥林嫂的善良、命运的悲苦以及精神上所受到的残酷打击。

余：眼睛、眼神的描写是线索之一。

生：(读投影)表达极为深沉的是对祥林嫂的语言"我真傻，真的"的反复渲染。它们反复出现，浓重地表现了人物命运中的无限悲哀。

余：语言的描写，一定是和命运、心理连接在一起的，反复渲染比反复描写的作用更浓郁。

余：(读投影)"阿毛之死"表现故事的巨大波澜，变换叙事节奏，推进故事情节的发展。阿毛之死这个安排是极其精致的。

(投影)哪怕是一个细小的地方，都能表现祥林嫂的深重苦难。

两个男人和她的小叔子使劲的擒住她也还拜不成天地。

现在她只剩了一个光身了。大伯来收屋，又赶她。

余：小叔子、大伯这两个小人物，既没有名，也没有姓，就那么闪了一下，一看就是反复，表现了男权对祥林嫂的欺压。另外，还有四婶的儿子，也参加做事了，反衬祥林嫂的作用。

生：(读投影)最有象征意味的反复在于："她是春天没了丈夫的。""谁知道年纪青青，就会断送在伤寒上？""春天快完了，村上倒反来了狼。""不早不迟，偏偏要在这时候，——这就可见是一个谬种!"

余:写祥林嫂之死是虚写,写贺老六之死也是虚写,写阿毛之死同样是虚写,可以说《祝福》是写死亡的小说,所有的死都在春天中发生,特别是祥林嫂在爆竹声中迎来了死亡。祥林嫂,与春天无缘,祥林嫂是一个没有春天的女人。

余:课后还请同学们反复研读这篇小说,体会更多的反复手法在环境描写、情节展开、人物形象塑造、主题凸显等方面起到的作用,进一步感受它精美的表现力,谢谢大家! 下课!

【课例赏析】

《祝福》还可以这样教

部编版高中语文必修下册的第六单元,共有《祝福》等古今中外的小说三课五篇,教学时间紧,任务重,再加上小说教学常常耗时长、收效微,这让我们不得不思考如何优化小说教学。在单元教学的整体思路下,精教某一单篇做该单元的教学示范,是个不错的选择。余映潮老师执教的这堂《祝福》小说阅读课,给了我们许多启示。

一、板块思路,脉络清晰;主问设计,重点突出

有的一线教师按传统方法教学《祝福》,会给情节、环境、形象、主题等内容各一课时,这显然不能适应新教材的教学要求。《祝福》是必修下第六单元的第一篇课文,这个单元所选的课文反映了不同时代背景下、不同社会环境中被侮辱、被损害的普通人的命运变化,人物或反复陷入绝境,或最终走向死亡,教学内容厚重,怎么教? 余老师仅仅用了一课时,就完成了许多一线教师用四课时才能完成的教学任务,给我们提供了很好的借鉴范本。

本堂课,余老师在教学铺垫后,设计了两个学习活动,完成了两个教学任务。

　　学习活动一:人物评说。任务:概说祥林嫂。方法:一句话概说。学习活动二:手法欣赏。任务:欣赏反复手法。方法:几句话评析。第二个学习活动分四步完成。(一)出示话题及示例。话题:品读、品析《祝福》中的一处反复,写一点文字,分析其表达作用、表达效果。余老师赏析了祥林嫂两次到鲁镇的肖像描写,以此做范例。(二)学生围绕话题,静读八分钟,研读文本,批注关于反复手法的表达作用和表达效果的文字。(三)学生交流,余老师点评。(四)反复手法梳理小结。

　　余老师的这堂课共有教学铺垫和两个教学活动三个板块,设计了两个任务,重点突出,解决了常规教学中有关人物形象、故事情节、环境描写、主题思想方面的诸多问题,解决了许多一线课堂上成串的"连问"、简单应答的"碎问"、对学生随意的追问的问题,节约了宝贵的时间,让学生充分读书、交流,非常值得我们学习。

　　二、方法指导,简练实用;成果展现,全面深入

　　本堂课生动地展示了余老师小说教学的智慧,落实了余老师关于小说阅读的一贯主张。在本堂课的教学铺垫环节,余老师结合实例给同学们逐一阐释了小说欣赏的基本角度——整体反复、纵向品析、选点深入、文中比读,明确说明本堂课使用的阅读方法是选点深入加纵向品析的综合的课文研读方法。

　　在概说祥林嫂环节,九个学生交流过后,余老师给出了十五个概说祥林嫂的示例句,从方方面面加深了学生对祥林嫂的了解,为后面的学习打下了扎实的基础。

　　在对反复手法进行深入品读的环节中,学生做了充分交流后,通过课堂小结,梳理并高度概括了景物描写(雪花),祥林嫂十多次的眼睛描写,祥林嫂"我真傻,真的"的反复渲染,小叔子、大伯、四叔儿子等小人物的表达作用、表达效果,深化了学生对文本全方位

的理解。

三、研读教材，精准全面；学生主体，盘活课堂

余老师多次强调：深入研读教材，提取资源，教学素材才能丰美。本堂课的大容量，就是余老师研读教材真功夫的体现。研读《祝福》时，余老师除了研读祥林嫂、四叔、四婶等形象外，连小叔子、大伯、四叔儿子的形象也不放过，这才有了余老师教学过程中游刃有余的精彩点拨。

学生一定是课堂的主人，每个学生在余老师的课堂上都被高度关注。余老师的课堂上学生齐读的机会比较多，这是让每个学生参与到课堂上来的一种简单易行的方法。在本堂课中，学生先后回答问题的有十五人，特别是在欣赏反复手法的交流过程中，学生所用时间基本在一分钟以上。余老师耐心倾听，适时深化学生的认识。

四、教学智慧，可见一斑；课标要求，用心落实

余老师常说一线课堂听评课的观察点应为学生的"语言学用"、学生的"技能训练"、学生的"知识积累"、学生的"共同提升"落实得怎么样，这四方面的教学智慧，本堂课都得到了落实。

新课标在学习任务群五的教学提示中强调："教师应向学生提供有效的学习支持。如做好问题设计，提供阅读策略指导，适时组织经验分享和成果交流活动；在学习过程中相机进行指导点拨，组织并平等参与问题讨论……"余老师的这节《祝福》小说阅读示范课，正是对课标要求的具体实践。

这节课不仅是上给学生的，也是上给教师的；既有利于提高小说阅读教学的效率，也能帮助教师理清备课思路，提高备课效率，以便更快更好地适应新教材教学的需要，确实对我们一线教师有很大启发。

参考文献：

[1]余映潮.致语文教师[M].上海：华东师范大学出版社,2013.

[2]教育部.普通高中语文课程标准:2017年版2020年修订[M].北京：人民教育出版社,2020.

附录2

经典文言文——给学生审美享受

——以《兰亭集序》为例

乌鲁木齐市第十九中学　刘　红

[**摘要**]本文以《兰亭集序》为例,用三个部分"'凤头'渲染美的气氛""'猪肚'培养审美能力""'豹尾'延伸美的情感"谈了如何通过品味文言文中的美学因素,培养学生健康高尚的审美情趣,让学生在文言文学习中得到精神的享受,提高学生的审美能力和境界。

[**关键词**]经典文言文　审美享受　《兰亭集序》

新课标课程目标的"感受·鉴赏"部分明确要求"阅读优秀作品,品味语言,感受其思想、艺术魅力,发展想象力和审美力。""在阅读中,体味大自然和人生的多姿多彩,激发热爱生活、珍爱自然的感情;感受艺术和科学中的美,提升审美境界。"

下面以《兰亭集序》为例,谈谈如何通过品味文言文中的美学因素,培养学生健康高尚的审美情趣,让学生在文言文学习中得到精神的享受,提高学生的审美能力和境界。

"凤头"渲染美的气氛

一节好课如同一篇好文章。

一则好的课堂教学导语如同一出戏剧的精彩"序幕"。教师以美的语言诗意地言说，将情感和期待寄寓语言，往往能起到帮助学生酝酿情绪、集中注意力，带领学生进入情境的作用。如果教师能针对不同的课文类型设计不同的语气、语调饱含深情地表达出来，再辅助其他手段，把学生带入情境之中，渲染美的氛围，就能激起学生强烈的兴趣。

我上《兰亭集序》时，和着《高山流水》的古筝曲说了这样的导语："西方文学史上有'说不尽的莎士比亚'，东方的文化史上则有'说不尽的《兰亭序》'。这个'说不尽的《兰亭序》'，主要就其作为'天下第一行书'的书法价值而言。请看唐代书法家冯承素的摹本（在大屏幕上展示《兰亭序》摹本），据说真迹已随唐太宗深藏地下。《兰亭序》又叫《兰亭集序》（模仿摹本的书法板书课题和作者），如果说《兰亭集序》是一件精美的玉雕，那么书法就是精湛的雕工，而这篇文章本身则是温润的玉料。文美字美，相得益彰，世上唯有这一篇。今天我们就来学习这篇千古美文（板书'美'）。"随着音乐、书法以及我的平静舒缓的抒情语调，学生进入了宁静祥和的氛围中，随着板书"美"，学生迫不及待地打开课本去寻找那份神奇而又真实的美。

"猪肚"培养审美能力

有经验的教师往往很重视一节课主体部分问题或话题的设计，问题或话题的好坏直接决定了课堂的效率。每一节成功的课堂，都会有能够激起学生求知欲的问题或话题。这些问题或话题，有的可以直接引导学生去探索文章积极健康的思想美，有的有利于他们探讨栩栩如生的形象美，有的侧重于体会深远悠长的意境美，有的则侧重于感受文采飞扬的语言美。

教学《兰亭集序》时，我设计了这样一个主话题："欣赏《兰亭集序》的感受可以用'美'一字概括，请你从本文的景物、感情、哲理、语言、书法等方面具体谈谈。"学生激烈讨论后，我整理出学生讨论的要点如下：

一、景美

《兰亭集序》真正描写自然风景的语句并不多。原因在于作者写景的追求，是以最少的笔墨，创造一种最能体现自我审美追求、最便于抒发独特情理的清淡脱俗而又空灵虚净的意境。比如："此地有崇山峻岭，茂林修竹，又有清流激湍，映带左右。"不写水美山肥、青山叠翠，也不写绿水白浪、彩石丽鱼，而是避开一切具体的色彩，用最简洁的线条、最少的笔墨、最清淡的语言，极写山高林茂竹修长、水清流急映兰亭的和谐与疏朗。水是山的灵魂，山是水的骨肉。唯其水美，方使林茂竹秀；缘何山崇岭峻，只因清流映带。正如某些古代山水画一样，看似无色，其实有意，看似简单，其实有趣，这既是作者独特的审美意趣之所在，也是时代审美精神的体现。魏晋时期，思想界崇尚老庄，高谈玄理，在山水描写中，往往表现为一种清淡空灵的意象美。

二、情美

本文情感呈现一种动态的曲折变化过程，而且"乐"（"所以游目骋怀，足以极视听之娱，信可乐也。"）、"痛"（"古人云：'死生亦大矣。'岂不痛哉！"）、"悲"（"后之视今，亦犹今之视昔，悲夫！"）有张有弛，情趣超凡。

起于游目骋怀所产生的快感，承之于一切快感过后所产生的死生无奈的痛感，转而抒发古今不可逾越的认识上的悲哀，不由得呼应到与本文相关的咏怀兰亭盛会之诗作所包含的通贯古今的美感。如此跌宕起伏的情绪变化，如此起承转合的章法艺术，使文章情感内涵的变化，从深度与广度上，不断地超越眼前的实情实景，超越个人的生活经验，超越时空的局限，尽现文章的情趣之美。

三、理美

理趣美在于文章三、四段快然自足、惓然有感和临文嗟悼、世殊致一中所蕴含的人生哲理与人文价值。

在第三段作者能超越当时的游目骋怀之乐，意识到快然自足中孕育着怅然若失、人生易老之痛，不能不说是一种生命价值的理性思索和人文联想，充斥着乐痛相依、阴阳相伴的人生辩证思想，闪现出人生哲理中理趣美的光芒。

在第四段作者由生命的有限之痛又联想到人类认识的局限性，虽然不认可当时社会普遍存在的以老庄思想来麻醉自我的虚无主义思想，但是仍然不明白为什么昔人对生命产生感慨的缘由与自己完全相同，可自己还是要对着古人的文章感慨叹息。这就把对每个人都无法摆脱的死生规律的思索，进一步推向对难以名状、不可捉摸的认识现象的悲叹。这种认识上的局限性，从表面情绪来看，属于一种不幸与悲哀，但从古今诗文创作的美育意义来看，却正是审美体验能够引发联想、超越时空、陶冶情操、育化心灵等人文体验的价值所在，是不幸中的大幸、悲哀中的欣慰。这种人文体验与价值包含一种更深层次的理趣美。

四、言美

《兰亭集序》绘景叙事，兴感述志，淳朴笃厚，如"此地有……又有""虽无""是日"，毫无润色，自然洒脱，语脉清晰。全文虽不用铺陈渲染，却语言精美，如高山流水、深谷泉鸣，自有境界，高雅富赡。如"天朗气清，惠风和畅"，意境开阔，情景交融，令人心旷神怡。文章的议论、抒情也善于巧借形象，高雅脱俗，如"或取诸怀抱，悟言一室之内；或因寄所托，放浪形骸之外"，"每览昔人兴感之由，若合一契，未尝不临文嗟悼，不能喻之于怀"等语，蕴藉深沉，耐人寻味。

五、书美

"天下第一行书"《兰亭集序》，董其昌在《画禅室随笔》中写道："右军《兰亭叙》，章法为古今第一，其字皆映带而生，或小或大，随手所如，皆入法则，所以为神品也。"如序中有二十多个"之"字，无一雷同，各具独特的风韵。即使欣赏摹本，亦觉美不胜收！

在教学主体部分，在重视个别语言文学现象的分析的同时，尤其重视从审美的角度来分析文章的各种美，让学生在美感的引导下，全面感知文章内容，自主地吸收知识，从而培养了学生学习文言文的兴趣，给学生带来了美的享受，也提高了学生的审美品位。

"豹尾"延伸美的情感

如果说一则好的导语是一出戏剧的精彩"序幕"的话，那么一则精彩的结语就是这出戏剧的"尾声"。结语的好坏关系到课堂能否继续给学生带来美的影响。在一节课即将结束时，我们可以饱含感情地朗读课文。教师可以让学生从美的课堂带着对美的感悟继续探索美的心理，达到课尽情未尽的效果。

教学《兰亭集序》的最后，我让学生再次配乐看字画，自由诵读全文，体会清淡脱俗而又空灵虚净的意境美，回味作者起伏的感情美、对生死感悟的理趣美，品味淳朴、高雅的语言美，欣赏"飘似浮云，矫若惊龙"的书法美。我的结束语是："请齐读：'（投影《兰亭集序》）汉字具有宇宙精神，靠近源头，接近自然。……汉字中，充满了景象，充满了新生，充满了原始的惊奇……'每次看到这段话时，我都很自豪，希望大家有同感。尽管现代科技给了我们很多汉字输入的方便,但是我们作为一个中国人有责任和义务将汉字的书写继承下来,让它在我们这一代手里,仍然可以发出神奇而优美的光彩。"

　　和其他经典文言文的教学一样,《兰亭集序》的教学难点,不应该是对哪一个文言字句本身的讲解和翻译,而是如何从文本的品读中不断提高教师的教学境界和学生的审美感悟能力。品读此文空灵清淡的景趣、起伏多变的情趣、生命感悟的理趣,足以领略到这篇千古美文字里行间流露出的魏晋时代的风尚,感受到王羲之独特的精神品位与审美雅趣。

　　营造审美氛围,充分发挥语文的美育熏陶功能,给学生审美享受,能提高学生的审美能力,拓展语文教学的新领域,提高教学效果,使语文教学从根本上纳入素质教育体系之中。

参考文献：

朱武兰. 人如其文,文如其人:《兰亭集序》教学设计[M]. 中学语文教学参考,2012(4):29 - 32.

　　注:此文发表于 2013 年第 7 期《中学语文》杂志。

第三节　中学语文教师的文学作品创作

写作，是一种高层次的教育生活。文学是语文的重头戏，是语文能力的集大成体现形态，文学也是语文构成里最美的部分。中国自古以来就是重视文学教育的国度，倡导文学教育需要具有文学素养的教师。教师的文学素养不是天然形成的，而是在自觉的文学阅读和写作的实践中形成的。一个称职的、优秀的语文教师最好的状态是在学术之外，兼修文学。教师的文学创作实践也能提高教师的教育水平。叶圣陶是中国现代文学中具有教育家气质的文学家，又是中国教育事业中独具人文气质的教育家，他是把教育和文学结合起来的典范。作为普通教师的我们，也不妨边教学边创作，葆有一颗赤心、诚心，雕塑一颗文心、诗心，既有利于自己的专业成长，也有利于自己人格的完善。

就文学创作而言，教师除了要解决写不写的问题，还要解决写什么、怎么写的问题。文学创作不是普通写作，而是更优美、更形象、更深刻地去写，让腹中珠玑尽化笔底波澜。小说、散文、戏剧、诗歌，诸体兼善很难，不妨攻其一端。还有"怎么写"的问题，叶圣陶说，作文应"本于内心的郁积，发乎情性的自然"。在"怎么写"的问题上，很多大家的经验可做借鉴。总的来说，好作品不外乎"恳切"与"贴切"二字，"恳切"是从自己内心出发，"贴切"指切合人或事或物。"恳切"是态度，"贴切"是能力，我们不妨先把这两点作为努力的方向吧。

"生活不只眼前的苟且，还有诗和远方"，文学创作应该成为中学语文教师们教育情怀和人生理想的源头活水。让我们通过文学的创作,走上语文教师的幸福之路,抵达教育的远方!

附录1

给儿童玩耍时间　还孩子快乐童年

刘　红

如今的很多孩子生活条件好了,却不快乐,成天做堆积如山的作业,还要奔波于各种辅导班之间。

这种现状让人痛心,好在有些明智的家长、教育工作者和关心孩子健康成长的人士,已开始认识到应给孩子玩耍的时间、还给孩子快乐童年的必要性。

给孩子玩耍时间,是因为孩子们需要时间来自己探索世界,学习如何思考,发挥自身的想象力,培养自己的爱好,从而埋下爱科学的种子;是因为孩子们需要时间学习如何与人打交道,体会交往的快乐,学会处理人际关系;是因为孩子们需要时间和大自然打交道,体会自然的生趣。

孩子在玩耍的过程中,从体能到智能,从感觉到认知,从语言表达到情感交流,都会得到极大的促进,性格与品德、意志与才能也能得以形成。

反之,大人控制了孩子童年的大小事务,不给孩子玩耍时间,孩子就会丧失满足感,没有快乐感,失去对生活的热情。他们的生活变得平淡无奇,同时他们也失去了做他们自己的自由。

怎样还孩子一个快乐的童年呢?

首先,家长、老师要改变观念。

作为家长,尽管想控制孩子一切的做法是出于好意,但却注定要失败。孩子们的确需要引导和推动,但如果一切由大人说了算,一切都是事先计划、检查和安排妥当的,就要付出相应的代价。家长要学会放松心情，不攀比。

作为老师，教学的热情始终需要与尊重教学规律保持协调。要认识到过大的课程压力、过多的作业量恰恰挤走了自我反省和知识消化的时间，根本无助于学生实际成绩的提高。

然后，家长、老师要拿出实际行动，还孩子一个健康快乐的童年。

家长可让孩子少上几个辅导班，或让孩子自己选，因为有兴趣更易出成绩；少做几张重复的试卷，多玩耍。家长还可以带孩子去公园、博物馆、科技馆，多开展滑冰、骑车等户外活动。

老师要提高课堂效率，能在课上解决的问题，就不要挤占孩子的课余时间。学校有责任落实"阳光体育"的要求，每天保证孩子有一小时的锻炼时间。学校要重视学习和运动的乐趣，而不是不惜一切代价地赢得分数。

如果我们全社会都能尊重孩子发展的自然规律，少做一些揠苗助长的事，多给孩子一点玩耍的时间，孩子们的童年一定会快乐，甚至一生都会很快乐。

别忘了，我们也有过小时候。

注：此随笔发表于 2010 年 1 月 2 日的《新疆教育报》。

附录2

水 磨 沟 赋①

刘 红

时序十月，岁在辛卯。正值云淡天高之际，游人已入魂牵梦绕之境。遂践览胜之约，成此采风之行。朋侪三五，行程百余。或棹轻舟，或乘缆车，品香茗，饮清酒，似行山阴道上，如入芝兰室中，墨客流连，百姓忘返，其乐融融。

悠哉，水磨沟！汉唐名区，山水胜地。王母东祝，天子西朝。沐瀚海雄浑景象，聚丝路浩荡英气！清流淙淙，磨声阵阵，水磨名成②。钟灵福地，俊杰揽辔而至；锦绣山川，将相抬棺西驰③。晓岚④流连，杂诗出而《草堂》传；则徐⑤凝眸，水车摇而石磨转。宗棠挥戈，收桑梓于既失；锦堂⑥架炮，铸伟业于谈笑。迨及潭秋勇播大道，泽民⑦理财兴疆，弹指一挥写下几多辉煌！

美哉，水磨沟⑧！魅力水磨，清灵如画。一道道弯巨龙，一座座山叠翠。博格达迎晓日，水磨河映晚月。水塔山春观良田美池，清泉山秋赏佳树名花，虹桥山晴则水光潋滟，温泉山雨则山色空蒙。斯风干爽，斯雨如浆。山色润而松柏翠，桃李芳而瓜果香。丛林深处缀篷帐，曲溪岸上有人家。"萧曹亭"看云、"接官亭"观雪。长桥取降龙锁蛟之势，广场呈莺歌燕舞之气。晨练红山脚下，老幼各得其乐；晚登雪莲山巅，诗家逸兴遄飞。处处风光都美好，时时景色尽宜人！

盛哉，水磨沟！河滩快捷贯南北动脉，华凌物流汇亚欧珍宝。立体交通方便捷畅成网络，盛大展会⑨缤纷络绎数风流。自然人文媲美，旅游商贸两旺。古城新韵，旧貌新颜，卅年努力，天换地改。科学谋划促发展，改革创新凝力量。为民政分，重人本；谋民利分，思民生。十三族共繁荣，团结篇齐传唱。强科教，重素质，创文明，人文厚重；抓双语，务实效，讲创新，尚德博学。一炮成功，爱国有旧址；七坊长廊，文化谱新章。今日实力蕴积，待明朝龙骧鹏举，定当卓异辉煌！

歌曰：有同志焉，则心存高远；结共道焉，乃同舟共济。上善若水，如琢如磨；跨越发展，长治久安⑩。当今盛世，民颂德广。举杯把盏，吟咏千年盛举；笔走龙蛇，书写世纪华章。拙笔难绘无限风光,短赋难穷万般情感。诗云:水磨长鸣意悠悠,千载名区竞风流,多少辉煌成往事,凌云壮志写春秋!

注释:

①赋是介于诗歌和散文之间的一种文体。它的特点是语句上以四、六字句为主,句式错落有致并追求骈偶;语音上要求声律谐协;文辞上讲究藻饰和用典;内容上侧重于写景抒情。盛世出大赋,作为国学热的一环,许多城市都有自己的赋。本文作者试图通过此文表达对水磨沟区的山水、人民的热爱,表达对水磨沟区政治、经济、文教、旅游、城市建设、民族团结等方面取得成就的颂扬之情。

②水磨名成:1733年,清政府为解决驻军面粉及粮食加工,用240两银子购买水磨两盘,在今水磨沟公园的水磨河上磨面,水磨沟由此而得名。此后,许多达官显贵、文人墨客来乌鲁木齐都在水磨沟驻足憩息并留下了优美诗篇。

③将相抬棺西驰:清末湘军将领左宗棠以花甲之年,抬棺西征,收复了祖国新疆一百多万平方公里领土,立下了彪炳史册的殊勋。

④晓岚:纪晓岚。他被发配新疆后遍走天山南北,收集整理了大量民间故事并写有乌鲁木齐杂诗160余首。其晚年写成的《阅微草堂笔记》也收入乌鲁木齐志怪传闻近百条。1768年6月,纪晓岚曾到水磨沟游览,留有"界破山光一片青,温暾流水碧泠泠;游人倘有风沂兴,只向将军借幔亭"的著名诗句。

⑤则徐:林则徐。谪居新疆期间,跋涉于天山南北,从事屯田及兴修水利事业。今在乌鲁木齐市红山顶上,立有林则徐的塑像。

⑥锦堂:1876年左宗棠任命刘锦堂为前敌总指挥,清军在乌鲁

木齐六道湾山梁上架起大炮,向迪化城开了一炮,炸塌了一处城墙,吓得匪军溃不成军。然后将士迅速奋勇登城,再歼五六千匪军,胜利光复了乌鲁木齐。为了纪念这场战役的胜利,当地人民在其架炮的地方建起炮台,命此炮台为"一炮成功",而这座山梁也随之称为"一炮成功"。

⑦泽民:毛泽民,毛泽东大弟,1938 年 2 月出任新疆省财政厅、民政厅厅长等职,1941 年 9 月,任新疆财政厅厅长的毛泽民同志来水磨沟"萧曹亭"疗养 40 多天。1943 年 9 月 27 日与陈潭秋一起被杀害。

⑧水磨沟:此处特指水磨沟公园风景区,由"六山一河"(清泉山、虹桥山、温泉山、水塔山、雪莲山、红山和水磨河)组成。景区内有萧曹亭、仿古水磨、接官亭、八仙磨碑等古迹。

⑨盛大展会:指由乌洽会升格后的亚欧博览会等盛大展会。

⑩"上善若水,如琢如磨"为水磨沟区机关文化建设核心价值理念;"跨越发展,长治久安"为当前新疆的两大历史任务。

2011 年 9 月

注:此文曾被水区零距离、乌鲁木齐市零距离等微信公众号推出。

附录3

十九中礼赞

刘 红

序:值祖国 70 华诞,我校 50 年庆,抚今追昔,慨来路漫漫,叹硕果累累,念大业殷殷,亦颂亦尊,感奋之至,遂成此文。

农历乙亥年癸酉月壬戌日

南望红山之巅，北眺红光之馆，东临南湖之明镜，西接河滩之游龙。纳群峰之灵，钧潺湲之盛，得藏龙卧虎地利，有龙翔凤翥气势。水蕴名珠，珠嵌福地，十磨九琢，终成大器。

置校以来，五易其址，三更其名。嬗变有因，发展无间；颠籁数匝，难忘初心；移址彪炳史册，更名泽被万家。蓝缕山林，创业志高；寒来暑往，求索弥坚。五十载砥砺耕耘，半世纪桃李芬芳。

盛世兴建，风光无限。西楼灵秀，东楼刚健；公寓温馨，餐厅雅洁。园内花团锦簇，室内几净窗明；晨闻琅琅书声，夜见熠熠灯光。春暖花开，群芳斗艳；夏日炎炎，浓荫铺地；秋高气爽，花果飘香；寒冬瑞祥，素裹银装。十年树木，学子高翔，四季耕耘，硕果飘香。一校两院，东西交融，犹世外之桃源，实育才之摇篮，求学之佳境，圆梦之乐园。

泱泱我校，尚德重教，育盛世之人才，创"十九"之品牌。"五育""四美"并驾，"一体""两翼"齐驱。"精业、爱生、求是、创新"教风在心，"崇德、乐学、善思、笃行"学风在行。教坛精英育万千芳菲；勤学子弟圆五彩梦想。

求真路上，崇实务本，尚学致知。立师达生，教研合一，青蓝搭台，名师引领。思源寻根，守正出新。向善道里，尚德修身，扬善行远。"三位一体"，立体育人，护导实践，志愿服务，与时俱进，活动纷呈。创美途中，内涵发展。管韵悠扬，一枝独秀。田径赛场，龙腾虎跃。经典养心，艺术修身。

管理释潜，文化强筋。知行合一，全面发展。文明单位，实至名归。示范高中，声名鹊起。数载躬耕，褒奖不断，口碑日盛，前路璀璨！

幸哉十九中,适逢盛世,国泰民安,成就辉煌;幸哉十九中,五十华诞,为国育才,豪情万丈。沐改革之春风砥砺前行,圆万家之梦想扬帆远航。育桃李以铺锦绣,培栋梁而振乾坤! 拙笔掠影,深情难书。乃为颂曰:

绘教育画卷,水磨河增光。奏时代新曲,博格达震响。

誓自强不息,诺使命担当。喜盛举共襄,盼永续华章!

注:此文被《乌鲁木齐市第十九中学校史》一书收录。

后　记

年光似瞬，仓促流转，两鬓也早被水磨沟的秋风染白。回眸旧岁，恍然间，我已在教师岗位上送走了三十个春秋。

年少时，校园内的一棵棵白杨时时舞动着欢快的翠叶，一位位优雅神秘的教师在黑板上画着彩虹，也画出了我的教师梦想。初登讲台的我，也曾盘桓于工作与生活的琐事之间，彷徨于诸多的困惑与懊悔之中，走上专业发展之路后，教育的碧天让我澄澈清爽，简单充实，快乐富足！时至今日，我始终仰望着教育这片清明的天际。我知道，今生，孩子们双眸热望的三尺讲台，就是我敬畏、热恋的最绚丽的舞台，我人生的烂漫诗意，也早已随千百学生，扎根祖国的天南海北。

还有几年就要告别杏坛了，看着身边或年轻或不年轻的同仁，心有千言，汇成此书，唯愿看到本书的同行们或即将成为同行的有缘人，能在中学语文教学的道路上，通过专业化发展，少一点波折，多一点幸福，热爱并胜任工作，游刃有余地面对每一天的太阳，这是我的真心！

一路走来，我逐步确立了重视积累、重视文本研读、重视学科实践的教学思想。教学上一丝不苟，精益求精，设计求优，方法求活，效果求实。我尝试着阔化课程资源，活化课堂气氛，深化审美熏陶，强化思维训练，用心落实学科素养的培养，逐步形成了自己的教学主张——有味、有序、有效。

何谓"有味"，用教语文的方法教语文，突出"语文味"。在语文教学过程中，返璞归真，引进生活的活水，通过情感激发、语言品味、意理阐发和幽默点染等手段，激发学生学习语文的兴趣、提高学生的语文素养、丰富学生的生存智慧和提升学生的人生境界。把语文课堂变成一种文化的场，让经典的美、圣贤的智、自然的乐融会成流光溢彩的精神盛宴，令学生回味无穷。

何谓"有序"，用教语文的方法教语文，突出语文的"言语性"。语文课在一定程度上也可定位为言语训练课，在此基础上使听说读写训练系统化、逻辑化、规范化，并使训练过程具有可操作性，就能真正做到语文教学的有序，使语文学科成为真正意义上的学科，避免教与学上的盲目和随意。

何谓"有效"，用教语文的方法教语文，突出语文的"学科效益"。语文课堂要追求效益、效果和效率，这样才能叫好的语文课。语文教学要让学生养成良好的阅读习惯，让学生学会独立思考，培养学生的创新精神，同时还要让学生获得优良的语文成绩。总之，语文教学要能留给学生眼前和长远甚至终身受益的东西。

一路走来，这些教学主张让我的教与学生涯多了方向感，并逐步形成了"严谨、亲和、有趣、有效"的教学风格，职业幸福感也由此日渐浓厚。

一路走来，多亏了能理解与支持我的学生、家长、领导、同事，其中不乏我的良师益友。非常感谢"名师育名师"培训班的指导老师余映潮先生，指导了我十五年；非常感谢我的教学引路人王耀芳、岳学贤、康金娥、王斌等老师；感谢张志坚书记、罗群雁校长、姜伟书记等我校历任领导；感谢一路走来理解我、支持我的每一位同事和朋友；感谢我的家人……要感谢的人很多，还是让我们一起继续走在因教师职业而幸福的人生路上吧！

刘　红

2023 年 4 月于乌鲁木齐